Ronald McNair

REPLI SUR LA SEINE
la débâcle allemande

Fin de la Bataille de Normandie

Pages couleurs : Georges Bernage,
peintures de Jean-François Cornu
Mise en pages : Francine Gautier

EDITIONS HEIMDAL

LA TRAVERSÉE DE LA SEINE
un succès qui scelle la défaite de la Wehrmacht en Normandie

Pour bien appréhender l'ampleur des mouvements de repli des forces armées allemandes vers la Seine à la fin d'août 1944 et l'urgence qui prévalait alors, il faut revenir au début du mois. A cette date, au lieu d'ordonner une retraite graduelle vers la Seine puis le Westwall, Hitler lance vers l'ouest, pour une contre-attaque qu'il veut décisive, les unités de panzers encore disponibles. Cette décision, qui a précipité en avant des forces importantes, les éloignant d'autant des chemins d'une retraite progressive, va avoir de graves conséquences: tout d'abord l'encerclement de ce qui reste d'une douzaine de divisions à l'ouest de la Dives, dans une poche dont il faudra sortir en payant le prix fort, puis le franchissement de la Seine dans des conditions pour le moins défavorables.

Une funeste décision

Après la percée de la 3e Armée US à Avranches, Hitler et l'OKW ont compris la gravité de la situation et envisagent les deux termes de l'alternative qui s'impose à eux : soit reprendre le contrôle de la situation en Normandie, soit abandonner le combat et se replier aussi vite que possible sur la Seine. Pour Hitler, cette dernière proposition augure mal de l'avenir car la Seine n'est pas facile à défendre et il craint que la manœuvre ne se termine sur le Westwall. Au contraire, la première proposition lui paraît tout à fait raisonnable : à l'exception du secteur d'Avranches où la situation est très grave, le front est stable en Normandie et si toutes les forces disponibles dans le secteur ont été engagées, la 9. Panzer-Division et six divisions d'infanterie sont en route vers le front.

Aux premières heures du 31 juillet, au cours d'une conférence en pleine nuit, Hitler fait part de ses décisions. Sous le choc de l'attentat du 20 juillet, il doute maintenant de tous. Il affirme que l'OB. West « n'a pas à en connaître plus que nécessaire » et déclare qu'il va décider lui-même de la conduite des opérations, l'OKW diffusant désormais des ordres partiels, les uns après les autres. Hitler décide alors de lancer une contre-attaque décisive en Normandie : de Mortain à Avranches, les panzers doivent couper les avant-gardes américaines de leur arrière ; une fois la côte atteinte, l'attaque devra se tourner vers le nord et repousser les forces ennemies. Comme le note von Kluge, cette opération Lüttich est « l'ultime chance pour restaurer la situation en Normandie ».

Hitler n'a pas pour autant écarté le second terme de l'alternative et, au cours de cette même conférence, il admet que la construction d'une seconde ligne de défense s'impose désormais. Il a désigné le général Karl Kitzinger, le Gouverneur Militaire en France, pour mener à bien la construction de cette ligne arrière qui devra se développer le long de la Somme, de la Marne et de la Saône puis sur le Jura.

Encerclés !

Tandis que von Kluge prépare la contre-attaque vers Avranches, vers l'ouest, comme le Führer lui en a donné l'ordre, les Alliés s'apprêtent à attaquer vers l'est. En effet, le **4 août**, Montgomery a rédigé sa directive M-516 et, deux jours plus tard, il en a précisé les objectifs avec la directive M-517. Tandis que le 21e Groupe d'Armées doit continuer à pousser vers le sud et l'est, le 12e Groupe d'Armées américain va avancer rapidement vers l'est puis vers le nord-est en direction de Paris. « La vitesse même de ce mouvement tournant est la clé de toute l'opération » note Montgomery. Une opération aéroportée est envisagée au devant des forces américaines, dans le secteur de Chartres, pour couper toute retraite aux forces allemandes.

Le **8 août**, alors que les avant-gardes de la 1re Armée US ont atteint le Mans, Bradley téléphone à Montgomery. En accord avec Eisenhower qui lui a rendu visite, il propose de détourner l'axe d'attaque du 12e Groupe d'Armées : au lieu de continuer vers l'est, les armées américaines pourraient se tourner vers le nord; comme dans le même temps, le 21e Groupe d'Armées va poursuivre son attaque vers le sud, les armées allemandes se trouveraient ainsi prises entre les deux mâchoires d'une gigantesque pince. Montgomery donne son accord et Bradley envoie aux 1re Armée US et 3e Armée US les ordres en conséquence.

Le **11 août**, confirmant les accords verbaux donnés trois jours plus tôt, la directive M-518 de Montgomery précise la manœuvre : depuis le secteur du Mans, la 3e Armée US doit avancer vers le nord, jusqu'à Alençon puis Argentan tandis que la 1re Armée Canadienne doit s'emparer de Falaise et avancer vers Argentan. Pour écraser les armées allemandes encerclées après la rencontre de deux armées, la 2e Armée Britannique et la 1re Armée US vont faire pression sur le fond de la poche ainsi créée. La directive précise qu'au cas où les Allemands réussiraient à échapper à l'encerclement, les armées alliées doivent se préparer à exécuter une nouvelle manoeuvre d'encerclement, plus large celle-là, le long de la rive gauche de la Seine.

Les Allemands ont bien perçu la menace. Au matin du **13 août**, alors que l'échec de l'opération Lüttich est consommé, le commandant de la 5. Panzerarmee, le SS-Oberstgruppenführer Dietrich, dit haut et fort ce que tout le monde pense : il faut se replier de toute urgence ! Il affirme à l'OB. West que « si le front tenu par la 7. Armee et la 5. Panzerarmee n'est pas replié immédiatement, et si tout n'est pas fait pour retirer ces forces vers l'est, hors de portée de l'encerclement qui menace, l'OB. West devra bientôt considérer ces deux armées comme perdues. Il ne sera bientôt plus possible de ravitailler ces forces en essence et munitions. Il est *urgent de prendre des mesures pour engager ce repli, cela avant qu'il ne soit plus possible de le faire ».*

Refusant la réalité des faits, Hitler réitère ce même jour ses ordres à l'*OB. West.* Sur un ton de reproche, il affirme que les difficultés présentes résultent de l'échec de l'attaque vers Avranches. Il déclare qu'une puissante attaque doit être lancée immédiatement afin d'isoler le *XV Corps* américain qui avance maintenant vers Argentan et ordonne pour cela que la *21. Panzer-Division*, la *9. SS-Panzer-Division* et la *10. SS-Panzer-Division* soient engagées. Pour les libérer, il se dit toutefois prêt à envisager le repli de la partie ouest du front.

Von Kluge ordonne à la *5. Panzerarmee* de libérer le *II. SS-Panzerkorps* et ses deux divisions de panzers qui devront rejoindre le *Panzergruppe Eberbach* ; dans le même temps, il demande à la *7. Armee* de retirer derrière Flers les unités les plus à l'ouest.

Le **16 août**, vers 2 h 00 du matin, von Kluge envoie un pressant message à Jodl. Après avoir analysé la situation, et remarqué que ses commandants d'armée partagent cette analyse avec lui, il insiste sur l'urgence qu'il y a à retirer les forces encore en pointe. Von Kluge attend une réponse jusqu'en début d'après-midi puis téléphone à Jodl. Il demande qu'une décision soit prise de toute urgence et insiste : *« Il serait fatal de succomber à un espoir de succès qui ne peut être atteint car aucun pouvoir en ce monde ne peut accomplir sa volonté simplement en donnant des ordres ».* Jodl dit qu'il comprend la situation et qu'un ordre clair du Führer va être envoyé très vite.

Von Kluge demande alors à son chef d'état-major, le *Generalleutnant* Hans Speidel, de préparer l'ordre général de repli. Ce qui est bientôt fait : la *7. Armee* se repliera en deux nuits derrière l'Orne, en commençant cette nuit même, et le *II.SS-Panzerkorps* se retirera en toute hâte pour se tenir à disposition de l'*Heeresgruppe B* près de Vimoutiers. A 2 h 39, alors qu'il n'a encore reçu aucun ordre de l'OKW, von Kluge envoie l'ordre de repli général. Les ordres de

Hitler arrivent à 4 h 45 : von Kluge est autorisé à se replier derrière la Dives mais Falaise doit être tenue.

La veille, le 15 août, est survenu un incident qui a sérieusement aggravé la tension qui règne alors au sein des états-majors allemands. Ce jour-là, von Kluge a tout simplement « disparu » pendant quelques heures : attaqué le matin sur la route par des avions alliés alors qu'il se rend à un rendez-vous avec Hausser et Eberbach, il ne reprendra contact qu'au soir. Hitler, qui doute de sa loyauté depuis l'attentat du 20 juillet, croit sans hésiter les rumeurs qui se font alors jour : von Kluge, le commandant en chef des forces à l'ouest, est en train de discuter d'une reddition avec les Alliés ! Hitler dira plus tard que *« le 15 août a été le pire jour de ma vie».* Von Kluge sera relevé de son commandement le 17 août et se suicidera deux jours plus tard.

Le repli général commence dans la nuit du 16 août par le retrait derrière l'Orne des éléments les plus à l'ouest. La manœuvre se poursuit la nuit suivante et, le 18 août, le nouveau commandant en chef à l'ouest, le *Generalfeldmarschall* Walter Model, se rend au quartier général de la *5. Panzerarmee* (officiellement, il prendra son commandement à minuit ce même jour). Il fait le point de la situation avec les commandants d'armée et il est décidé d'établir un nouveau front le long de la Touques. La *7. Armee* doit se replier pour s'établir aussi vite que possible derrière cette ligne, au plus tard le 22 août. Le *Panzergruppe* Eberbach devra couvrir le repli, avec le *XXXXVII. Panzerkorps* et ce qui reste de deux divisions de panzers sur le flanc sud et le *II. SS-Panzerkorps* et ce qui reste de quatre divisions de panzers sur le flanc nord.

Toutefois, la situation se dégrade rapidement et la nasse se referme inexorablement entre Argentan et Falaise. Au nord, les Polonais sont à moins de trois kilomètres de Chambois tandis que les Canadiens prennent Trun et menacent Saint-Lambert. Sur le flanc sud, la situation est moins mauvaise et le *XXXXVII. Panzerkorps*

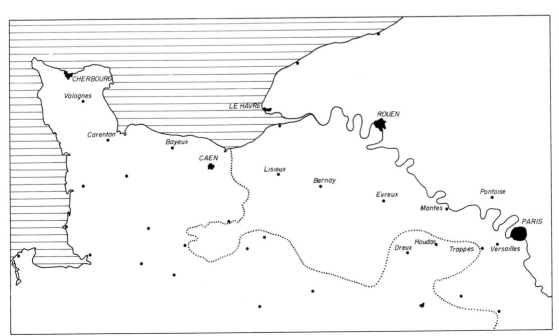

Le front le 19 août 1944 alors que la poche de Falaise-Argentan est en train de se fermer. (Carte B. Paich/Heimdal.)

réussit à bloquer pour un temps l'avance du *XV Corps*. Toute la nuit du **18 août**, les éléments de la *7. Armee* se replient en bon ordre. Au matin du samedi **19 août**, la nasse qui mesure environ dix kilomètres de long et douze kilomètres de large se ferme.

Dans les deux jours et nuits qui vont suivre, plusieurs dizaines de milliers d'hommes vont échapper au piège, de 30 000 à 50 000 selon les estimations. Ce succès ne peut toutefois masquer l'ampleur de la défaite : 40 000 hommes ont été capturés dans la poche par les Américains, les Canadiens ou les Polonais et près de 10 000 ont été tués ; plus de 10 000 véhicules et plus de 500 chars ont été perdus, ainsi que plus de 5000 chevaux.

Les Américains franchissent la Seine

Un retour en arrière de quelques jours s'impose. Conformément aux termes de la directive M-518 du 11 août, tandis qu'au nord la 1re Armée Canadienne s'efforce de prendre Falaise pour avancer vers Argentan, au sud Bradley a ordonné à la 3e Armée US de s'arrêter devant la ville. Le 15 août, tandis que le *XV Corps* attend sur ses positions la fermeture de la poche, Patton décide d'engager deux de ses divisions vers l'est. Ainsi, dès le 16 août, deux divisions du *XV Corps* font face au nord à Argentan, mais la 3e Armée US déploie de fait trois corps de deux divisions chacun face à l'est: au sud, le *XII Corps* avance vers Orléans avec la *4th Armored Division* et la *35th Infantry Division* ; au centre, le *XX Corps* avance vers Chartres avec la *7th Armored Division* et la *5th Infantry Division* ; au nord, le *XV Corps* a envoyé la *5th Armored Division* et la *79th Infantry Division* vers Dreux.

Au soir du **16 août**, l'Eure est franchie sur pratiquement toute sa longueur entre Dreux et Chartres. les Américains ont pris Orléans et Dreux, mais la garnison de Chartres tient encore. Un groupement tactique du CCB de la *7th Armored Division* a bien pénétré en ville mais il y a rencontré une résistance énergique, une mauvaise surprise après plusieurs jours de « promenade », et s'est retiré à la nuit.

Malgré la résistance de Chartres, Patton est bien décidé à continuer mais Bradley lui demande de s'arrêter. Il considère en effet que le flanc gauche de la 3e Armée US est trop découvert et il souhaite également mettre en place la logistique et les réseaux de communication. Du 16 au 18 août, les avant-gardes de la 3e Armée US attendent ainsi l'arme au pied sur une ligne Orléans, Chartres, Dreux.

La résistance rencontrée à Chartres trouve son origine dans le fait que le commandant de la *1. Armee*, le général Kurt von der Chevallerie, a décidé la veille d'y engager des éléments de deux divisions envoyées en renfort, la *48. Infanterie-Division* qui vient du nord de la France et la *338. Infanterie-Division* qui vient du sud. Les combats pour la ville se poursuivent le 17 août et les Américains engagent leur artillerie, en prenant soin de ne pas endommager la cathédrale, pour soutenir le CCB dont les chars ne sont pas à leur avantage en ville. Le général Walton H. Walker, le commandant du *XX Corps*, décide d'engager la *5th Infantry Division* en appui du CCB et les combats reprennent le

18, un régiment d'infanterie appuyant les chars. Les Américains se rendent enfin maîtres de Chartres où ils font près de 2 000 prisonniers. Le sergent Clarance E. White qui est resté à son poste, blessé, jusqu'à ce qu'il perde connaissance d'avoir perdu trop de sang, sera décoré de la *distinguished Service Cross*.

Le **17 août**, Bradley lève l'ordre d'arrêt et Patton donne immédiatement ses ordres : tandis que le *XX Corps* va prendre en charge le secteur de Dreux, le *XV Corps* doit pousser vers la Seine. La logistique pose alors de sérieux problèmes à la 3e Armée US et le *XII Corps*, qu'il n'a pas été possible de ravitailler, doit rester à Orléans.

Le *XV Corps* attaque le **18 août** et le lendemain matin, les avant-gardes atteignent la Seine près de Mantes. Une patrouille de la *79th Infantry Division* franchit le fleuve près de Méricourt, sur la passerelle d'un barrage que les Allemands n'ont pas fait sauter complètement.

Ce même jour, **19 août**, la décision est prise de s'écarter des plans stratégiques établis avant le débarquement : contrairement à ce qui avait été envisagé, il n'est pas question de s'arrêter sur la Seine pour rassembler les forces. Eisenhower donne l'ordre de traverser la rivière et d'engager immédiatement la poursuite de l'ennemi en déroute.

La 3e Armée US en est informée au soir et vers 21 h 30 le commandant du *XV Corps*, le général Wade H. Haislip, ordonne à la *79th Infantry Division* de franchir la Seine dans la nuit. Le général Ira T. Wyche « sort » les hommes du *313th Infantry Regiment* de leurs sacs de couchage et, aux premières heures du 20 août, sous une pluie battante, le régiment traverse la Seine sur la passerelle de Méricourt. Au matin, deux bataillons sont établis sur la rive droite, les Allemands ne réagissent pas et, dès l'après-midi, un pont de bateaux est en service. Au soir, le *XV Corps* a établi une solide tête de pont.

Dès la prise d'Orléans et Chartres, les groupes de transport aérien qui étaient jusque-là tenus prêts pour une opération aéroportée qui pourrait être lancée dans ce secteur ont été rendus disponibles. Le 19 août, une vingtaine de C-47 atterrissent près du Mans, amenant près de cinquante tonnes d'approvisionnement à la 3e Armée US. De tels vols deviennent bientôt journaliers et apportent un complément non négligeable à la logistique dont les camions s'efforcent de ravitailler les avant-gardes. Le **21 août**, ayant enfin été ravitaillés, le *XX Corps* et le *XII Corps* reprennent leur avance vers l'est, le premier entre Dreux et Chartres, le second entre Orléans et Châteaudun. Leur objectif, la Seine au sud de Paris.

Sur l'aile gauche du *XX Corps*, la *7th Armored Division* progresse de près de cinquante kilomètres et au matin du 22, le CCR atteint Melun. Le pont sur la Seine étant encore intact, le commandant de la division, le général Lindsay McD. Silvester, presse ses avant-gardes d'attaquer le pont sans délai. les Allemands résistent avec énergie et cette première attaque est un échec, de même qu'une seconde attaque lancée dans l'après-midi. Le CCR se prépare pour une nouvelle tentative au matin du 23 août mais les Allemands qui ont achevé leur repli font bientôt sauter le pont. Le général Walker, le commandant du *XX Corps*, arrive alors à Melun et reproche au général Silvester ce qu'il considère un manque de mordant. Il ordonne au CCR de reprendre immédiatement son attaque et, dans l'après-midi, des fantassins s'aventurent sur la structure du pont détruit. Ils atteignent l'île au milieu de la Seine mais ils sont pris à partie par les Allemands qui tiennent toujours la rive droite et les pertes sont lourdes. En dépit de cet échec, le général Walker et son aide de camp, le lieutenant David Allard, recevront la *Distinguished Service Cross* pour leurs actions énergiques à Melun.

Pendant ce temps, le génie de la *7th Armored Division* a établi un pont de bateaux à Tilly, quelques kilomètres en aval, et le CCA traverse aux premières heures du 24 août. Le CCB suit et tandis que le CCA consolide la tête de pont en faisant face au nord et à l'est, le CCB se dirige vers Melun. Il y parvient bientôt et les combats pour la ville cessent le 25 août.

Sur le flanc droit du *XX Corps*, la *5th Infantry Division* a traversé l'Essonne dès le 21 août mais s'est trouvée confrontée à une opposition de plus en plus forte à mesure que les avant-gardes approchaient de Fontainebleau. Le **22 août**, l'avance ne dépasse pas dix kilomètres. Les Allemands ayant achevé leur repli dans la nuit, toute résistance a disparu au matin du **23 août** et les avant-gardes du *11th Infantry Regiment* atteignent la Seine dans l'après-midi, en face de Vulaines-sur-Seine.

Le pont est détruit et le lieutenant-colonel Kelley B. Lemmon se jette à l'eau et traverse le fleuve à la nage. Trouvant cinq barques sur la rive opposée, il les attache ensemble et les ramène sur la rive gauche. Dans le même temps, le capitaine Jack Gerrie et le sergent Dupe Willingham ont traversé la Seine sur un canot mai ils ont été pris à partie par des tirs allemands. Gerrie couvre Willingham qui retraverse la Seine à la nage, puis Willingham ayant

rassemblé quelques hommes pour couvrir sa traversée de leurs tirs, Gerrie traverse à son tour. Lemmon, Gerrie et Willingham recevront la *Distinguished Service Cross* pour leur courage et l'esprit d'initiative dont ils ont fait preuve ce 23 août. La traversée de la Seine à Vulaines s'organise et le lendemain, un bataillon a franchi le fleuve. Un pont de bateaux est établi et au soir, tout le *11th Infantry Regiment* est à l'est de la Seine.

Dans le même temps, le *10th Infantry Regiment* a franchi le Loing et atteint Montereau le **24 août**. Dans la soirée, des canots sont amenés à l'avant et la Seine est franchie. Au matin du **25**, le *10th Infantry Regiment* est à l'est de la Seine. Pour avoir sauvé des blessés qui se noyaient à Montereau, le soldat Harold Garman sera décoré de la *Medal of Honor*, la plus haute décoration américaine.

Au sud, le *XII Corps* a également attaqué le 21 août, et la *4th Armored Division* atteint bientôt Sens. Le lendemain matin, une tête de pont a été établie sur l'Yonne et l'avance vers l'est continue. Les avant-gardes du CCA atteignent Troyes au matin du **25 août** mais une forte résistance se manifeste. Une task force franchit la Seine au nord de la ville et au matin du 26, elle attaque les défenseurs allemands sur leurs arrières. La ville est bientôt prise. Le commandant du CCA, le colonel Bruce C. Clarke, et le Major Arthur West qui a mené l'attaque au nord de la ville seront décorés de la *Distinguished Service Cross* pour ce succès.

Le **25 août**, la 3ᵉ Armée US dispose ainsi de cinq têtes de pont sur la Seine : le *XV Corps* en a établi une au nord de Paris, à Mantes, le *XX Corps* en a établi trois au sud de la ville (la *7th Armored Division* à Melun et la *5th Infantry Division* à Vulaines-sur-Seine et à Montereau) et plus au sud, le *XII Corps* en a établi une à Troyes. Ce même jour, les avant-gardes de la 2ᵉ Division Blindée française et de la *4th Infantry Division* américaine entrent dans Paris.

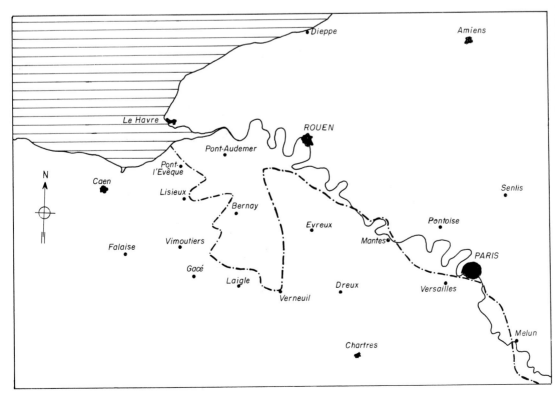

Le front le 26 août 1944 alors que les Allemands se replient sur la Seine. Les Américains ont déjà franchi celle-ci en plusieurs endroits et plus particulièrement dans le secteur de Mantes. (Carte B. Paich/Heimdal.)

1. Le 6 août, la directive M-517 du général Montgomery précise les objectifs définis deux jours plus tôt par la directive M-516. Tandis que le 21ᵉ Groupe d'Armées doit continuer à pousser vers le sud et l'est, le 12ᵉ Groupe d'Armées doit avancer rapidement vers l'est puis vers le nord-est en direction de Paris. *« La vitesse même de ce mouvement tournant est la clé de toute l'opération »* précise Montgomery. Cette photo a été prise le 6 août à Mayenne.

2. Le 15 août, deux « snipers » allemands sortent de la cave dans laquelle ils se cachaient. La légende de cette photo américaine indique qu'elle a été prise à « Doucelle » : si un village du nom de Doucelles existe bien près de Beaumont-sur-Sarthe, cette photo n'a pas été prise là, nous l'avons vérifié. Si vous reconnaissez cette église, ce village, n'hésitez pas à nous le faire savoir !

3. Cette photo a été prise le 16 août, alors que la 3ᵉ Armée US poursuit son avance vers la Seine : au sud, le *XII Corps* attaque vers Orléans, au centre, le *XX Corps* se dirige vers Chartres et, au nord, le *XV Corps* avance vers Dreux. Au soir, l'Eure est franchie sur pratiquement toute

2

sa longueur entre Dreux et Chartres et si la garnison de Chartres tient encore, Dreux est pris ; au sud, le *XII Corps* a pris Orléans. La légende de cette photo américaine indique qu'elle a été prise à « Epiausy », un village que nous n'avons pas localisé : reconnaissez-vous cette église ? Où se trouve ce village ?

4. Le 20 août, le *XIX Corps* engage une manœuvre d'enveloppement depuis Verneuil, en direction d'Elbeuf. Le 22 août, ces Shermans du *67th Armored Regiment, 2nd Armored Division*, arrosent de quelques obus un point de résistance, sans doute des éléments de la *17. Feld-Division*, près de Conches-en-Ouche. Arrivés devant Elbeuf le 24 août, ces blindés vont se heurter à des éléments du *II. SS-Panzerkorps* bien décidés à couvrir les points de passage.

5. Le 19 août, une patrouille de la *79th Infantry Division* découvre que la passerelle qui surmonte le barrage près de Méricourt est encore praticable. Aux premières heures du 20, sous une pluie battante, un régiment est lancé sur la passerelle et, au matin, deux bataillons sont établis sur la rive droite. Les Allemands ne réagissent pas et dès l'après-midi, un pont de bateaux est en service. Cette photo a été prise quelques kilomètres en amont, à Mantes, le 28 août. (Photos US Army.)

1. Le 20 août, Model a donné à la *5. Panzerarmee* l'ordre de tenir une poche sur la rive gauche de la Seine ; sur le flanc gauche, le *LXXXI. Armeekorps* doit s'appuyer sur l'Eure et l'Avre, sur le flanc droit, le *LXXXVI. Armeekorps* doit tenir sur la Touques puis sur la Risle. L'encombrement des routes conduisant à la Seine est grand et les colonnes de véhicules offrent une cible de choix aux avions alliés. (Bundesarchiv.)

2. Dans les derniers jours d'août, les conditions météorologiques sont relativement favorables aux Allemands : le 29 août, une épaisse couche de nuages couvre le ciel vers 1 500 mètres et la pluie ne cesse pas ; les choses s'améliorent un peu les 30 et 31 août, avec un plafond au-delà de 3 000 mètres et de la pluie intermittente. La guerre semble encore loin et les habitants d'Orbec vaquent à leurs occupations. Ont-ils compris que dans quelques jours, les Américains ou les Anglais seront là ? (ECPArmées.)

3. La menace des Jabos est permanente et, dans l'espoir de leur échapper, les véhicules sont camouflés sous des branchages. Ces branchages, qui sont sommairement accrochés sur les côtés du véhicule, ne résistent pas longtemps aux secousses et le camouflage de ce SdKfz 250 ne cache plus grand chose. (ECPArmées.)

4. La retraite est précipitée et la confusion est grande : les itinéraires n'ont

pas été balisés comme ils auraient dû l'être et les cartes manquent. A Orbec, ce poteau indicateur improvisé fait apparaître diverses indications: « Frey » (de la *1. SS-Panzer-Division*), « Zeiler » (non identifié), « Balcarek » (un colonel du Heer)... (ECPArmées.)

5. Après avoir photographié cette scène de lecture de cartes (les boucles de la Seine sont visibles sur le pli de la carte, avec la forêt de Brotonne en bas, au centre), le photographe arrive à Bourgtheroulde, un des carrefours clés de la retraite. (ECPArmées.)

1. Nouvelle lecture de carte : sans aucun doute, c'est Bourgtheroulde qu'on montre sur la carte. (Bundesarchiv.)

2. Cette photo est bien connue mais elle est trop symbolique pour être laissée de côté. Devant le monument aux morts, face à l'église de Bourgtheroulde, des panneaux indicateurs dirigent les *Kampfgruppen* en retraite : « Blumel », «Brand», «Bischoff», «Schramm», «Krass», «Wilck», «Bücking», «Marcks», «Menny», «Bohm», « Rhüle », « Pöppe », les insignes de la *1. SS-Panzer-Division* (la clef, sur le haut du poteau) et de la *2. SS-Panzer-Division* (les runes, vers le bas, sous les mains du deuxième soldat à gauche)... (ECPArmées.)

3. Ces soldats n'ont pas trop mauvaise allure après des jours d'une retraite sans répit sous les coups de l'aviation alliée. A noter toutefois que le photographe s'est probablement détourné des groupes d'hommes hagards et dépenaillés. (Bundesarchiv.)

1

2

3

4

4. et 5. Tandis qu'un tracteur SdKfz 7 d'une unité de parachutistes remonte la rue principale de Bourg-theroulde, suivi d'un Schwimm-wagen, une ambulance SdKfz 251/8 est stationnée devant l'église. La Seine est à moins de dix kilomètres, au nord vers la Bouille ou à l'est vers Elbeuf. (ECPArmées.)

5

1. Le 25 août, Model donne l'ordre de repli derrière la Seine : dans la nuit, les forces encore à l'ouest de la Risle devront se retirer et, la nuit suivante, l'ensemble des forces à l'ouest de la Seine devront franchir le fleuve. A l'exception d'un pont de chemin de fer à Rouen qui est encore praticable, bien que gravement endommagé, et d'un autre dans le même état près de Léry, il ne reste aucun pont utilisable en aval de Paris. Par contre, de nombreux bacs légers sont encore utilisables. (ECPArmées.)

3

4

2., 3., 4. Le génie fait des prodiges pour construire des bacs: celui là l'a été en attachant deux péniches côte à côte, les rampes de chargement et déchargement s'appuyant sur des péniches amarrées sur les berges. Il semble qu'une telle barge, qu'on voit ici transportant un SdKfz 251 et des camions de la *12. SS-Panzer-Division*, soit en mesure de porter n'importe quel panzer. (ECPArmées.)

5

5. Toutefois, les bacs d'une telle capacité sont rares et les chars lourds, comme ces Tigres de la *schwere Panzer-Abteilung 503*, doivent faire de longs détours pour les atteindre, puis attendre leur tour. (ECPArmées.)

1., 2., 3. Plus légères, ces barges improvisées sont assemblées en amarrant deux radeaux pneumatiques sur les côtés d'une barque équipée d'un moteur hors-bord. C'est efficace mais pas sans quelques problèmes ! (ECPArmées.)

1

2

4., 5. A Caudebec, le bac a été coulé au cours d'une attaque aérienne dans la nuit du 27 août. Près du bac coulé (visible en haut à gauche), une voiture est chargée tant bien que mal sur une barge improvisée. Sur la rive, des centaines de voitures attendent leur tour: noter que l'ordre règne... A Caudebec, de telles barges ont transporté plus de deux mille hommes, ainsi que des centaines de véhicules légers. (ECPArmées.)

4

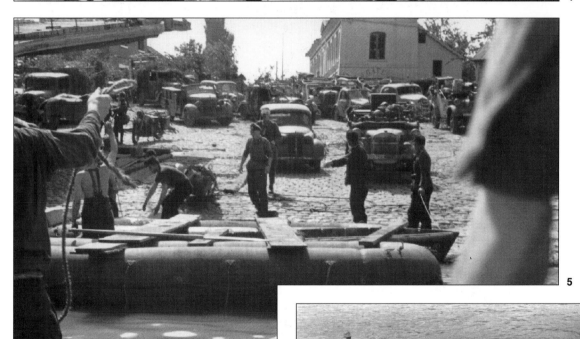

5

6. Le matériel nécessaire n'est pas toujours disponible et des radeaux de fortune sont assemblés, de bric et de broc. Certains sont utilisés à la limite de leur capacité ! (ECPArmées.)

6

1., 2. De 6 000 à 8000 hommes ont traversé la Seine à Quillebeuf. Le site a été attaqué de nuit par des avions alliés, les 26 et 27 juillet puis le 24 août. Ce dernier raid a coulé le bac. Cette batterie de canons de 105 mm abandonnée sur la rive gauche après la destruction du bac a été photographiée à la fin août. (Imperial War Museum.)

3

4

5

3., 4., 5. Le bac entre la Mailleraye et Maison Blanche a transporté près de 500 véhicules et plusieurs milliers d'hommes. Il a été attaqué à plusieurs reprises par les avions alliés entre le 19 et le 24 août et la Mailleraye a beaucoup souffert de ces bombardements : on voit ici la rampe d'accès au bac, avec à gauche les ruines de la Gendarmerie et de l'hôtel de la Marine et à droite, celles de l'hôtel de l'Epoque ; plus haut, rue de la République, le café R. Ménard. (Photos X, coll. William Theffo.)

6., 7. Ces photos montrant des véhicules et canons détruits ont été prises le 31 août, près de la Mailleraye, par un photographe britannique. (Imperial War Museum.)

7

1

2

1., 2. Bien que ces photos ne montrent pas réellement Hans von Luck traversant la Seine près d'Yville, elles illustrent parfaitement son témoignage. Les derniers éléments de son groupe ayant franchi la Seine pendant la nuit du 27 au 28 août, le colonel von Luck traverse le fleuve avec sa voiture amphibie. N'ayant pas trouvé d'endroit pour aborder sur la rive droite, il doit faire près de quinze kilomètres porté par le courant avant de trouver un endroit pour accoster. 3., 4. Autre témoignage intéressant, celui de Franz-Josef Strauss dans son livre « *Geschichte der 2. Panzer-Division* ». Il décrit comment « *dix rangées de colonnes motorisées sont immobilisées les unes derrière les autres, voitures et blindés mêlés, sur les routes le long du fleuve, attendant leur tour pour traverser* ». 5. Les conducteurs expérimentés « *restent en permanence près de leur véhicule et profitent du moindre espace pour se rapprocher du fleuve, mètre par mètre, afin d'atteindre le point de franchissement*». Ces SdKfz 251 appartiennent effectivement à la *2. Panzer-Division*. (Photos ECPArmées.)

3

Nouvelle tentative d'encerclement (20-25 août)

Le 19 août, quand il a été décidé de franchir immédiatement la Seine, Eisenhower et Montgomery se sont accordés sur le fait que le premier objectif à atteindre restait la destruction des forces allemandes à l'ouest du fleuve. Leurs conseillers estiment en effet que près de 75 000 Allemands et 250 de leurs chars peuvent encore être isolés à l'ouest de la Seine. Il est alors décidé de mettre immédiatement en œuvre la manœuvre d'encerclement le long de la rive gauche de la Seine telle qu'envisagée dans la directive M-518. Tandis que le 12e Groupe d'Armées va fermer la nasse, en attaquant vers le nord, le long de la Seine puis la tenir fermée, le 21e Groupe d'Armées va nettoyer la poche ainsi constituée.

Pour fermer la nasse, le 12e Groupe d'Armées va déployer deux corps d'armées : le XV Corps doit nettoyer le secteur entre Seine et Eure tandis que de l'autre coté de l'Eure, le XIX Corps va attaquer en direction d'Elbeuf. Cette manœuvre engage des unités américaines profondément dans le secteur du 21e Groupe d'Armées et Bradley et Montgomery définissent ensemble les mesures à prendre pour éviter toute confusion.

Le **20 août**, Model a reçu de l'OKW l'ordre de tenir sur la Touques avec la 7. Armee et la 5. Panzerarmee. Si la défense de la Touques lui paraît impossible, il a toutefois la permission de les retirer derrière la Seine, cela en liaison avec la 1. Armee qui doit défendre le secteur entre Paris et Orléans et empêcher les Alliés d'avancer vers Dijon.

Après l'évacuation de la poche de Falaise, la situation est confuse: le I. SS-Panzerkorps et le II. SS-Panzerkorps rassemblent dans le secteur de Vimoutiers et Gacé ce qui reste de la 85. Infanterie-Division et de cinq divisions de panzers (21. Panzer-Division, 2. SS-Panzer-Division, 9. SS-Panzer-Division, 12. SS-Panzer-Division et 17. SS-Panzergrenadier-Division). Pendant ce temps, ce qui reste de la 7. Armee se replie en une masse confuse : cinq corps d'armées, avec six divisions de panzers et onze divisions d'infanterie...

Model, qui ne se fait aucune illusion quant à la réalité de la situation, subordonne la 7. Armee à la 5. Panzerarmee qui se trouve ainsi en charge du front de la mer jusqu'à la liaison avec la 1. Armee au nord-ouest de Paris. La 5. Panzerarmee doit tenir la poche qui s'est formée sur la rive gauche de la Seine : sur le flanc gauche, cette poche doit s'appuyer sur l'Eure et l'Avre, sur le flanc droit, sur la Touques puis sur la Risle. Dietrich, dont le PC est alors à Rouen, organise le front dont il a la charge comme suit: sur le flanc droit, le LXXXVI. Armeekorps tient la ligne de la Touques avec ce qui reste des 711., 346. et 272. Infanterie-Division ; sur la gauche, le LXXXI. Armeekorps contrôle des éléments de la 6. Fallschirm-Jäger-Division, la 344. Infanterie-Division et la 17. Feld-Division de la Luftwaffe. Conscient de la menace américaine au sud, Model a insisté « tout particulièrement sur l'importance du secteur entre Eure et Seine ». En conséquence, Dietrich s'efforce de rassembler près d'Evreux les blindés encore disponibles, des éléments des 2. Panzer-Division, 1. SS-Panzer-Division et 12. SS-Panzer-Division. Cela ne représente toutefois qu'une force bien modeste, car les divisions de panzers les mieux loties ne disposent que d'une douzaine de panzers, quelques centaines d'hommes et quelques pièces d'artillerie.

Sur le flanc gauche, au nord de la Seine, se trouvent des éléments de la 18. Feld-Division puis au sud-ouest de Paris, la 1. Armee déploie divers éléments de la 352. Infanterie-Division et d'autres de la 48. Infanterie-Division. Au soir, la carte de situation de l'Heeresgruppe B fait apparaître un front discontinu, représenté par un vague pointillé.

Le **20 août**, tandis que la 79th Infantry Division renforce sa tête de pont à Mantes, le XV Corps avance vers le nord le long de l'Eure. La 5th Armored Division progresse vers Louviers mais se heurte à un groupe de panzers rassemblés en toute hâte par le SS-Hauptsturmführer Kurt Wahl, un officier du train de la 17. SS-Panzergrenadier-Division qui a réquisitionné les panzers qui se trouvaient dans le secteur. Cette unité de circonstance est bientôt renforcée par des éléments de la 17. SS-Panzergrenadier-Division, puis par un groupement tactique de la 1. SS-Panzer-Division. Alors connu sous le nom de Kampfgruppe Mohnke, ce groupe se bat avec l'énergie du désespoir pour couvrir la retraite et il faudra cinq jours aux Américains pour prendre le contrôle du secteur entre la Seine et l'Eure. Pour son initiative décisive, Wahl sera fait Chevalier de la Croix de Fer le 23 août.

Dans le même temps, de l'autre coté de l'Eure, le XIX Corps a engagé une large manoeuvre d'enveloppement depuis Verneuil, en direction d'Elbeuf. La 2nd Armored Division qui avance en tête n'a aucun mal à disperser les quelques éléments de la 17. Feld-Division qui se trouvent sur son chemin mais à Elbeuf, les Américains se heurtent à des éléments blindés du II. SS-Panzerkorps bien décidés à couvrir les points de passage.

L'étreinte des Alliés se resserrant, la 5. Panzerarmee réorganise son dispositif le **24 août**. Les troupes encore à l'ouest de la Seine, cinquante mille hommes au moins, sont placés sous les ordres du LXXXI. Armeekorps qui tient le flanc gauche et du LXXXVI. Armeekorps qui tient le flanc droit; le II. SS-Panzerkorps contrôle les forces blindées. Sur la gauche, de Louviers jusqu'à la liaison avec la 1. Armee sur la Seine, le I. SS-Panzerkorps a pris le contrôle de la rive droite du fleuve avec deux divisions d'infanterie. Le **25 août**, Model donne l'ordre de repli: la nuit prochaine, les forces encore à l'ouest de la Risle doivent se retirer derrière la rivière et la nuit suivante, l'ensemble des forces à l'ouest de la Seine devront franchir le fleuve.

Les Britanniques franchissent la Seine (26-30 août)

Le **20 août**, le 21e Groupe d'Armées s'est engagé à son tour vers la Seine : sur l'aile gauche, la 1re Armée Canadienne presse le I Corps Britannique vers Pont-Audemer et le II Corps Canadien vers Bernay et Elbeuf ; sur l'aile droite, la 2e Armée Britannique attaque avec le XII Corps en direction de Louviers et le XXX Corps en direction de Vernon. A noter que le VIII

Corps reste immobile, ses moyens de transport ayant été donnés aux autres corps pour en accélérer la mobilité.

La 1re Armée Canadienne avance avec difficultés face à des Allemands qui reculent pas à pas, couvrant leur retraite de mines et d'obstacles. Le **24 août**, le *II Corps canadien* franchit la Touques et deux jours plus tard, le contact est établi près d'Elbeuf avec les troupes américaines du *XIX Corps*. Sur l'aile gauche de l'armée canadienne, le *I Corps britannique* a fort à faire pour forcer la ligne de la Touques le 22 août ; Pont-L'Evêque et Deauville sont occupés ce même jour. Lisieux est pris le 24 août et le corps se bat alors pour forcer la ligne de la Risle.

Sur la droite, la 2e Armée rencontre d'autres difficultés : le *XXX Corps* qui avance en tête se trouve bloqué dès le 23 août sur une ligne Verneuil, Breteuil, le Neubourg par des unités du *XIX Corps* américain qui avance vers Elbeuf. Les *XIX Corps* et *XV Corps* américains se retirent vers le sud à partir du 24 et cèdent la rive gauche de la Seine aux troupes britanniques et canadiennes jusqu'à la ligne séparant les deux groupes d'armée, ligne qui passe par Dreux et Mantes. Les colonnes britanniques avançant vers l'est croisent alors les colonnes américaines qui se replient vers le sud : à chaque carrefour, les colonnes passent alternativement et la manœuvre est menée à bien sans problème, contrairement à ce qui avait été craint en haut lieu.

A la pointe du *XXX Corps*, après avoir progressé au travers des troupes américaines qui se replient, la *43rd (Wessex) Division* atteint la Seine à Vernon aux premières heures du **25 août**. En quelques heures, une tête de pont est établie. Le lendemain, le *XII Corps* britannique atteint Louviers et plus au nord le *II Corps* canadien relève les Américains du *XIX Corps* à Elbeuf. Le **27 août**, le *XII Corps* a établi une tête de pont à l'est de Louviers et deux jours plus tard, un contact est établi avec la tête de pont du *XXX Corps* à Vernon.

Le lendemain, les avant-gardes du *I Corps* britannique atteignent l'embouchure de la Seine et le **29 août**, alors que les derniers Allemands franchissent le fleuve sous une pluie battante, la 1re Armée canadienne a établi cinq têtes de pont sur la rive nord de la Seine, deux entre Elbeuf et Rouen et trois à l'aval de Rouen. Le **30 août**, la *3rd Canadian Division* entre à Rouen.

La traversée de la Seine (20-30 août)

Entre les armées alliées qui avancent et les boucles de la Seine, plusieurs centaines de milliers d'hommes sont pris au piège. A l'exception de deux ponts de chemin de fer encore praticables bien que gravement endommagés, l'un à Rouen, l'autre au Manoir, en amont d'Elbeuf, il ne reste aucun pont utilisable en aval de Paris. Le génie fait des prodiges pour réparer les bacs qui ont été détruits par les avions alliés tandis que toutes les unités s'affairent à assembler des barges et des radeaux de fortune.

L'encombrement des routes conduisant à la Seine est total et les colonnes de véhicule immobilisées offrent une cible de choix pour les avions alliés. Toutefois, les avions sont moins présents sur la Seine à la fin août qu'ils l'ont été lors des dernières semaines en Normandie. En effet, le 21 août, Montgomery et Leigh-Mallory ont décidé de cesser les attaques contre les ponts de la Seine car ils sont alors convaincus qu'une « *avance rapide à travers le nord de la France est imminente* ». Ils ont donc décidé d'envoyer les bombardiers moyens attaquer les dépôts allemands au nord de la Seine. Toutefois, l'action des chasseurs-bombardiers n'est pas ralentie pour autant, si ce n'est par les conditions météorologiques qui ne sont pas favorables, et lors de la période critique du 21 au 29 août, 3 900 missions aériennes ont eu la Seine ou les voies de retraite comme objectifs.

Pour ce qui concerne la Seine elle-même, les pilotes ont rapporté avoir détruit plus de 200 barges au cours du mois d'août, ce que confirmeront les témoignages recueillis en 1945 auprès des habitants. Les pilotes revendiquent également avoir détruit une dizaine de bacs et quelques ponts flottants, ce que confirmeront à peu de choses près les témoignages des témoins au sol. Si les attaques aériennes alliées ont ralenti les opérations de traversée, elles n'ont pas constitué une gène considérable ni causé les dégâts que les Allemands auraient pu craindre. En règle générale, les bacs et les barges sont restés en opération de jour comme de nuit.

Comme points de passage les plus importants, on peut citer Poses, à l'amont d'Elbeuf, où plus de 100 000 hommes et 16 000 véhicules ont franchi la Seine sur un pont de bateaux, le pont de chemin de fer de Rouen (plusieurs dizaines de milliers d'hommes et 7 000 véhicules) et les bacs de Duclair, de Caudebec et de Villequier (des milliers d'hommes et plus de 2 000 véhicules à chaque site).

A Rouen, où tous les ponts ont été détruits par l'aviation alliée, de gigantesques embouteillages se développent bientôt. Mal informées, d'importantes forces allemandes en retraite s'enfoncent dans le cul-de-sac qu'est la boule de la Seine et découvrent trop tard qu'ils sont pris au fond d'une nasse. « *Sur la rive gauche* », écrit R.G. Nobécourt dans « *Rouen Désolé* » (réimprimé en 1987 par les éditions Laffitte), « *l'embouteillage des hommes et du matériel ne cessait de s'accroître dans le pire désarroi. Une telle défaillance dans l'organisation routière, une telle absence de renseignements trahissaient la grande débandade de la Wehrmacht et la décomposition de ses états-majors* ». R.G. Nobécourt rapporte, sans toutefois affirmer la véracité de ce témoignage, que le commandant allemand de la place de Rouen aurait été exécuté pour ne pas avoir averti à temps l'état-major de l'impraticabilité des ponts dans la ville. La carence des communications allemandes suffit à expliquer l'ampleur des mouvements vers le cul-de-sac mais il a été rapporté que des résistants auraient placé des panneaux indicateurs dirigeant sciemment les convois allemands dans la nasse de Rouen...

Rapidement, le génie construit des bacs en aménageant des péniches qui se trouvent dans le port et le franchissement de la Seine s'effectue tant bien que mal. Le **25 août**, les Allemands avisent les Rouennais qu'un couvre feu est fixé à 20h30 et que « *les sentinelles ont reçu l'ordre de faire usage de leurs armes contre les personnes qui se trouveraient dans* *les rues après cette heure sans permis de nuit valable ».* Ce même jour, commence la construction d'un pont de bateaux entre la rue Jean-Rondeaux et le boulevard des Belges. Pour les aider à cette tâche, les Allemands réquisitionnent tous les hommes qui passent dans le secteur et installent des générateurs de fumée pour camoufler le chantier. A l'exception d'une alerte sonnée vers midi, la journée est calme à Rouen mais des Mitchells et des Bostons du *2nd Group*, une trentaine, attaquent soudain vers 19 h 35. Leurs bombes, qui tombent sur des centaines de véhicules immobilisés les uns contre les autres, causent des dommages considérables. De nombreuses péniches sont touchées et l'attaque met un terme à la construction du pont de bateaux. Le franchissement reprend dès la fin de l'attaque sur les barges non endommagées et sur le pont de chemin de fer d'Eauplet, juste à l'aval de la ville. Les bombardiers alliés reviennent le 26 et le 27 août et le pont d'Eauplet est touché, mais sans gravité...

Si plusieurs dizaines de milliers d'hommes et près de dix mille véhicules vont franchir la Seine à Rouen, c'est là, principalement à cause des embouteillages qui ont offert des cibles de choix sur les quais, que les pertes vont être les plus lourdes : plus de 1 500 camions et prés de 200 chars et blindés ont été détruits à Rouen.

Après la guerre, le *Generalleutnant* Paul Mahlmann, le commandant de la *353. Infanterie-Division*, a raconté sa traversée de la Seine au service historique américain (Military Studies A-983 et A-987). Sa division s'est rassemblée à l'est d'Elbeuf, dans la forêt de Bord. *« Il fait encore jour quand nous commençons à traverser, en barques, par petits groupes. Les attaques des chasseur-bombardiers ennemis sont peu nombreuses, sur les points de passage comme sur les routes d'approche. J'ai moi même franchi le fleuve quatre fois au cours de l'après-midi du 24 août et je n'ai été attaqué qu'une seule fois par les avions. A l'est de Léry* (nota: le secteur de Poses)*, l'ennemi ne stoppera le trafic sur les ponts qu'une seule fois, et pour peu de temps. Il ne réussit pas non plus à détruire le pont du chemin de fer et des fantassins et des véhicules légers l'empruntent. En raison de l'importance du trafic, nous pensions que Léry était une cible de choix pour les avions ennemis mais le village ne fut pas attaqué ».*

Le commandant de la *277. Infanterie-Division*, l'*Oberst* Wilhelm Viebig a expliqué au service historique américain (Military Studies B-610) comment sa division, *« très éprouvée dans la poche de Falaise »*, s'est vue affecter une zone de rassemblement à l'ouest d'Elbeuf. *« Je cherche à m'informer auprès du commandant de la place à Elbeuf des possibilités de passage. Tous les ponts à l'est d'Elbeuf sont pour l'instant affectés aux unités qui se replient! me répond-il. Il m'est impossible d'obtenir des informations précises sur la capacité des bacs disponibles. Il est clair que la division ne peut espérer traverser avant quarante-huit heures au mieux. Du fait de l'avance rapide des ennemis vers la Seine, ma division risque ainsi d'être isolée de ce coté du fleuve. En me basant sur les reconnaissances que j'ai envoyées, je réussis dès le soir du 24 août et dans la nuit à faire traverser le gros de ma troupe et quelques*

véhicules sur le pont de chemin de fer partiellement détruit, au nord est d'Elbeuf. Les véhicules lourds passent à bord de bacs près de Rouen ».

Lors d'une conférence qu'il a donnée en 1990, l'*Oberst* Hans von Luck de la *21. Panzer-Division* a donné d'intéressants détails sur la traversée de la Seine du 27 au 29 août. (lire également son livre « Panzer Commander », publié par Praeger Publishers, ISBN: 0-275-93115-3). Le 22 août, en lui donnant l'ordre de franchir la Seine pour regrouper son *Kampfgruppe* au nord de Rouen, le général Feuchtinger, le commandant de la division, l'a averti : *« Je ne sais pas si vous allez arriver à la Seine à temps. Il est possible que Patton vous coupe la retraite car il avance déjà en direction de Rouen. Je ne sais pas du tout où vous allez vous ravitailler. Il y a certainement des dépôts près de Rouen, à vous de les trouver. Faites bien attention à l'aviation ennemie. Je pars pour Strasbourg. Désormais, vous êtes seul, bonne chance! ».*

Le 24 août, ayant gagné les bords de la Seine, von Luck raconte comment ses hommes attendent à l'abri des couverts que vienne leur tour d'embarquer sur les barges qu'ont assemblé le groupement du génie. *« Tandis que des chars Panther* (quelques Panther de la Waffen-SS qui ont perdu le contact avec leur division se sont joints à lui) *et quelques uns de mes grenadiers assurent la protection de nos arrières, toutes les unités se comportent remarquablement. Pas de panique, pas de chaos, tout le monde attend calmement le moment de passer le fleuve. »* Certains ont assemblé des radeaux avec des portes récupérées dans les maisons au bord du fleuve et des fûts d'essence vides, chacun de ces radeaux improvisés pouvant transporter huit hommes.

Les derniers éléments du groupe von Luck franchissent la Seine pendant la **nuit du 27 au 28 août**, *« protégé par les Panthers qui passent en dernier ».* Après s'être assuré que tous ses hommes avaient bien gagné la rive droite, von Luck décide de traverser la Seine avec sa voiture amphibie *« pour s'amuser ».* Après l'avoir camouflée en buisson flottant, il s'aventure sur le fleuve au matin du **29 août** avec son officier-adjoint et deux hommes. Le Schwimmwagen *« flotte bien »* mais ils ne trouvent pas d'endroit permettant d'aborder sur la rive droite. Ils se laissent porter par le courant et doivent faire près de quinze kilomètres avant de trouver un endroit pour accoster. *« Avec nos remerciements à la Seine et à notre VW, nous retrouvons mon groupe. »*

Dans son livre *« Geschichte der 2. Panzer-Division »*, Franz-Joseph Strauss raconte comment *« dix rangées de colonnes motorisées sont immobilisées les unes derrières les autres, voitures et blindés mêlés, sur les routes le long du fleuve, attendant leur tour pour traverser ».* Les officiers et sous-officiers sont sans cesse sur la brèche, jours et nuits, afin de tirer partie de toutes les opportunités, *« même s'il faut traverser sur des barques avec une simple planche comme rame ».* Les conducteurs expérimentés *« restent en permanence près de leur véhicule et profitent du moindre espace pour se rapprocher du fleuve, mètre par mètre, afin d'atteindre le point de franchissement ».*

Franz-Joseph Strauss parle aussi de « l'égoïsme crasse » des Waffen-SS qui veulent placer tout le monde sous leurs ordres. En effet, tout n'a pas été facile et des scènes « déplaisantes », comme le dira plus tard un officier allemand, se sont produites sur les berges de la Seine... Dans les derniers jours, alors que les avant-gardes alliées approchent, la tension monte sur les berges de la Seine. Il n'est pas facile de maintenir l'ordre dans de telles conditions et, ici ou là, des officiers doivent user de menaces pour éviter que la pagaille ne gagne. Souvent, les Waffen-SS et les parachutistes prétendent avoir priorité pour la traversée, ce qui créé de pénibles incidents. A de nombreuses occasions, des unités SS auraient menacé de leurs armes d'autres unités pour forcer le passage ; à une occasion au moins, (témoignage rapporté par le *Generalleutnant* Mahlmann, le commandant de la *353. Infanterie-Division*), un Waffen-SS aurait tiré sur des hommes du Heer, affirmant que *« les hommes du 20 juillet »* pouvaient rester là. L'incident a marqué Mahlmann au point qu'il indiquera aux Américains que si sa *« division n'a pas souffert pendant la traversée de la Seine alors que des pertes considérables auraient pû lui être infligées, un autre ennemi de la Wehrmacht a rendu notre traversée plus difficile, les SS »*.

Dans la confusion qui prévaut alors, il est bien difficile d'identifier avec précision les points de passage utilisés par telle ou telle unité. La *353. Infanterie-Division* a traversé, on l'a lu ci-dessus, entre les Damps et le Manoir, la *277. Infanterie-Division* à Orival et le *Kampfgruppe Luck* près d'Yville. Les gros de la *2. Panzer-*

2

Division, de la *1. SS-Panzer-Division* et de la *2. SS-Panzer-Division* ont traversé la Seine dans le secteur d'Elbeuf, tandis que la *12. SS-Panzer-Division* et le *Kampfgruppe Mohnke* l'ont franchi à Andé et au Pont-de-l'Arche, la *10. SS-Panzer-Division* à Rouen et Oissel, de forts éléments de la *2. Panzer-Division* au Val-de-la-Haye, la *9. SS-Panzer-Division* plus au nord, à Duclair...

1., 2. Le 25 août, les Américains du 12ᵉ Groupe d'Armées ont établi cinq têtes de pont au nord de la Seine : la première à Mantes, les quatre autres entre Melun et Troyes. Ce même jour, ayant progressé au travers des troupes américaines qui se replient vers le sud, les avant-gardes du *XXX Corps* · britannique atteignent la Seine à Vernon. Vers 19 h, une tête de pont est établie sur la rive droite et dès 20 h 00 le génie commence la construction d'un premier pont flottant. Des DUKW transportent du matériel sur la rive droite. (Imperial War Museum.)

1

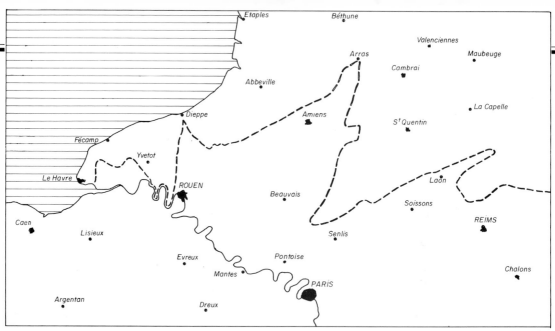

Carte ci-contre : le 1ᵉʳ septembre, le repli allemand est achevé, c'est maintenant une course de vitesse vers la Belgique. (Carte B.P./Heimdal.)

1. Au nord, la 1ʳᵉ Armée Canadienne a franchi la Risle : ce convoi a été photographié sur les hauteurs bordant la vallée de la Risle. Le 29 août, la 1ʳᵉ Armée Canadienne a établi cinq têtes de pont sur la rive nord de la Seine, deux entre Elbeuf et Rouen et trois à l'aval de Rouen.

2. Le premier pont, un pont FBE appelé « David », est mis en service le 26 août dans l'après-midi puis un second, « Goliath », un pont Bailey, est ouvert le 27 août en soirée. Sur ces photos prises de la rive gauche, on voit «Goliath», le pont sur lequel s'engage un Sherman et « David », à droite. (Photos Imperial War Museum.)

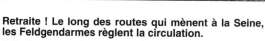

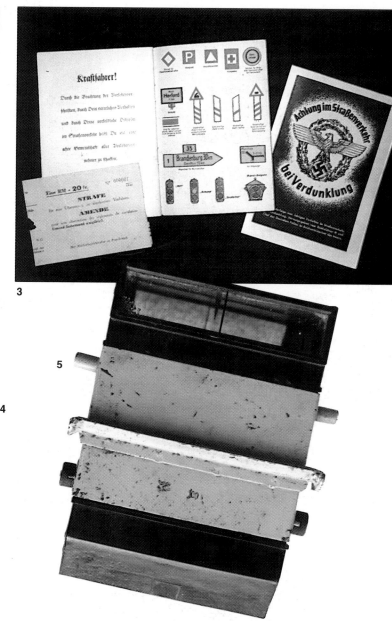

Retraite ! Le long des routes qui mènent à la Seine, les Feldgendarmes règlent la circulation.

1. Insigne brodé, officier de la police allemande que les Feldgendarmes portent, cousu sur la manche gauche.

2. Casque de Feldgendarme avec les lunettes de motocycliste.

3. Documents allemands ayant trait à la circulation routière.

4. Burette et bouteille d'huile en carton pour les véhicules allemands.

5. Episcope de SPW (véhicule blindé semi-chenillé). (Reportage Ph. Lejuée.)

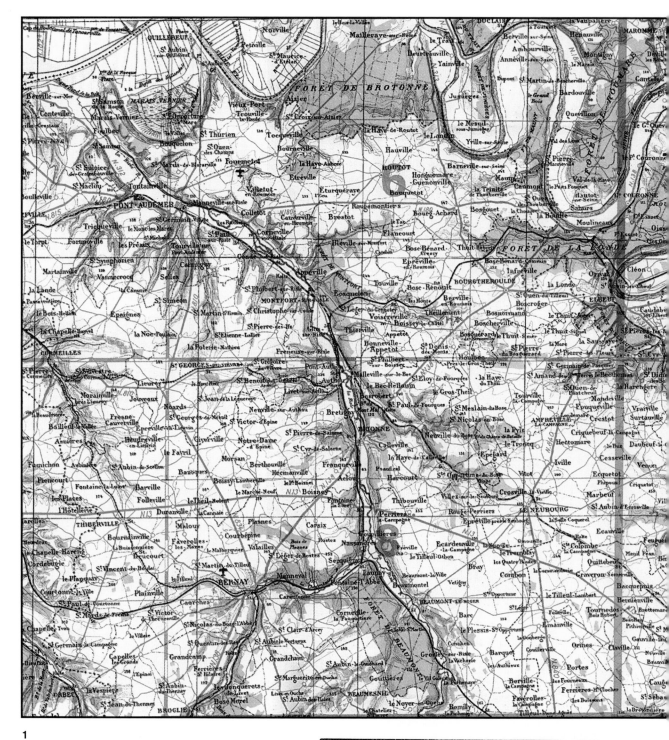

1

2

Retraite ! Les états-majors sont au travail pour analyser les reflux des troupes vers les boucles de la Seine dont les rives sont alternées (plates pour les rives convexes et escarpées pour les rives concaves), avec tous les problèmes de franchissement.

1. Carte d'état-major allemande au 1/250 000ᵉ.

2. Panneau indiquant une compagnie d'état-major (compagnie de commandement).

3. Fanion disposé sur les véhicules des officiers jusqu'au grade de colonel compris (selon un règlement de novembre 1934).

4. Manuel imprimé en France pour les conducteurs de véhicules.

5. Porte-cartes modèle 1935 pour les officiers (il était accroché au ceinturon) et boussole.

(Photos P.L.).

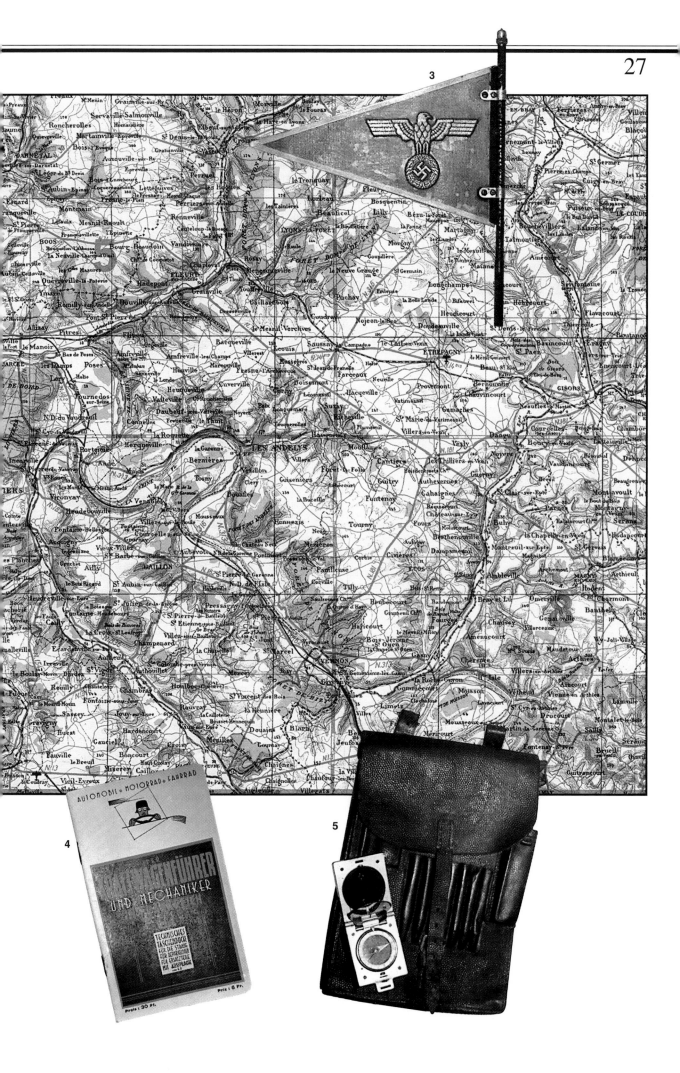

3

4

5

Les services sanitaires

C'est un secteur bien souvent oublié dans les historiques militaires mais ils ont joué un rôle important et on les retrouve dans les colonnes allemandes en retraite vers la Seine. C'est le cas de ce SdKfz 251/8 Ausf. D (1) aperçu devant l'église de Bourgthéroulde vers le 22 août 1944 (voir photo page 11). Ce véhicule blindé semi-chenillé était converti en ambulance. On notera la croix-rouge sur les côtés et le grand drapeau à croix rouge sur le dessus pour l'identification aérienne (ce qui n'excluait pas les bavures, des convois sanitaires furent eux aussi mitraillés). On notera le camouflage appliqué au pistolet à peinture. (Peinture J.-F. Cornu/Heimdal.)

2. Casque modèle 42 sommairement badigeonné pour un infirmier lors du repli allemand en Normandie. (Photo P.L.)

3. Brassard d'infirmier de la Wehrmacht. (Photo P.L.)

4. Panneau indiquant un poste de soins en Normandie, Riedl semble être le médecin responsable de ce poste. (Photo P.L.)

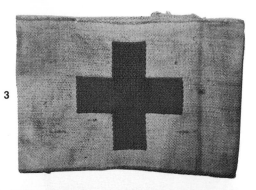

5. Août 1944 : boîte de muni- tions pour MG utilisée et trans- formée en boî- te de premiers soins. (Photo P.L.)

6. Boîte de pre- miers soins pla- cée dans les véhicules, voir comme exemple une photo de la page 32. Elle est présentée ouver- te et fermée. (Pho- to P.L.)

7. Chariot sani- taire hippomobi- le aperçu sur les quais de la Seine (voir page 36). Il est muni de pneu- matiques. Com- me pour le se- mi-chenillé, un grand drapeau à croix rouge le si- gnale à l'aviation alliée. Noter le camouflage ap- pliqué au pisto- let à peinture. (Peinture J.-F. Cornu/Heimdal.)

J.F Cornu

Tragt.100

Offz.
Uffz.
Mannsch.
Pferde

1

4

2

3

5

Convois hippomobiles

Le Blitzkrieg de 1940 avait popularisé l'image d'une Wehrmacht totalement motorisée, ce qui est loin d'être le cas (en 1940, seule le corps expéditionnaire britannique est complètement motorisé). En 1944, la majorité des divisions allemandes (et en particulier les divisions d'infanterie) est hippomobile. Les photos de cet album montrent beaucoup de véhicules à traction chevaline. Nous les évoquons dans cette double page. (Photos P.L.)

1. et 2. Chariot hippomobile d'un état-major d'une 2e batterie d'une unité d'artillerie (sur la photo 2, on aperçoit le signe tactique avec le chiffre 2 et les lettres « St. » en blanc). Ces chariots étaient très courants et les civils de la poche de Falaise se rappellent avoir vu défiler un grand nombre de ces véhicules qu'ils prenaient pour des « chariots russes ». (Coll. Musée de la Bataille de Falaise.)

3. Masque à gaz modèle 41 pour cheval. Les deux cônes s'enfoncent dans les naseaux de l'animal. Le tout est complété par des lunettes protectrices.

4. Rare nécessaire de maréchal-ferrant d'une unité hippomobile allemande avec, dans son étui, au premier plan la râpe à sabots. A côté se trouvent des clous et une paire de pattes d'épaule d'un vétérinaire major.

5. Matériel d'un officier d'artillerie hippomobile : calot d'officier avec la soutache en V à la couleur d'arme (rouge pour l'artillerie), bottes d'officier, tire-bottes, épée d'officier, gourde souvenir, panneau de bois peint d'une unité d'artillerie apposé sur un cantonnement (les effectifs étaient rajoutés à la craie). (Recherches Ph. Lejuée.)

1

Véhicules

1. et 2. Tableau de bord d'un Schwimmwagen (1) d'où dépasse la courte pédale de lubrification de toute la transmission, utilisée avant le franchissement d'une rivière. Sur la vue latérale (2) des 2 sièges avant, en arrière du levier de vitesse, on aperçoit le levier vertical enclenchant la vitesse très courte « tout terrain » sur une boîte auxiliaire améliorant le franchissement d'obstacle. Le Schwimmwagen, véhicule amphibie, a été très utile pour franchir la Seine par ses propres moyens (voir les photos page 18). (Reportage Ph. Lejuée.)

3. Chariot porte-munitions, largement utilisé en traction mécanique ou hippomobile. Il était attelé en simple ou en tandem, comme ici. Ceux-ci sont pour la traction mécanique, avec un timon courbe. Le timon est droit en traction hippomobile. (Photo P.L. - coll. Musée de la Bataille de Falaise.)

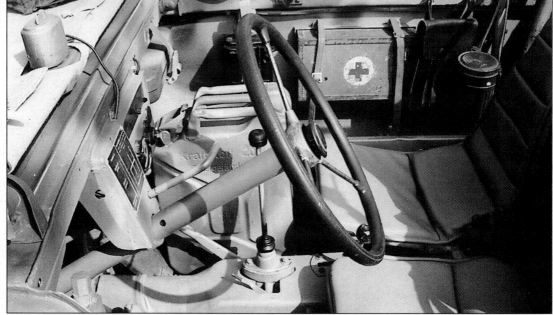

1., 2. Les ponts étaient le principal objectif des avions alliés: tous ont été détruits. Depuis la cathédrale, on voit ici le pont Boieldieu et le pont Jeanne d'Arc. Prise cette fois de la rive gauche (2), cette autre photographie montre comment la destruction du pont Boieldieu est totale. (R. Jacques.)

Rouen

1

2

3. Endommagé par les bombardements, le pont de chemin de fer a été réparé par les Allemands qui ont placé des planches sur les rails pour permettre le passage des véhicules. Le pont est touché, sans gravité, lors d'une attaque de nuit le 27 août mais il tient bon et près de 7 000 véhicules le franchissent entre le 22 et le 30 août. (R. Jacques.)

Vernon

3

1. La retraite est épuisante et si, en présence du photographe, tous s'efforcent d'afficher un sourire confiant, certains ont du mal à cacher l'inquiétude qui les étreint : et si la guerre était perdue ? (ECPArmées.)

2. Hans von Luck racontera également comment ses hommes attendent à l'abri des couverts que vienne leur tour de traverser. *« Tandis que des chars Panther et quelques uns de mes grenadiers assurent la protection de nos arrières, tou tes les unités se comportent remarquablement. Pas de panique, pas de chaos, tout le monde attend calmement le moment de passer le fleuve ».* Certains profitent même de ce répit pour ressemeler leurs chaussures et recoudre leurs pantalons. (ECP-Armées.)

3. Le 21 août, Montgomery et Leigh-Mallory ont décidé d'envoyer les bombardiers moyens attaquer les dépôts au nord de la Seine, ce qui diminue d'autant la pression sur les points de passage de la Seine. En règle générale, les bacs et les barges sont en opération de jour comme de nuit malgré quelques attaques occasionnelles. (ECPArmées.)

4., 5. La tension est grande sur les berges de la Seine et souvent, les troupes d'élite, Waffen-SS ou parachutistes, créent de pénibles incidents en prétendant avoir priorité. Dans ce groupe qui attend le retour d'un bac, les Waffen-SS sont nombreux. (ECPArmées.)

6. Pour permettre le passage des véhicules et des pièces d'artillerie, les hommes sont alignés sur les côtés des rampes d'accès. On décharge à la main ce canon antiaérien de 20 mm d'un poids de 900 kilos environ. (ECPArmées.)

3

1

1., 2. Ces photos ont été prises juste à l'aval de Rouen, au bac de Croisset. Le bac vient d'accoster sur la rive droite : Rouen est visible à l'arrière plan, au centre de la photo. (ECPArmées.)

3. Un convoi sanitaire vient de traverser : noter que de nombreux drapeaux à croix rouge ont été déployés dans l'espoir de protéger le bac. (ECPArmées.)

2

3

5

4. Plusieurs chevaux sont attelés en ligne pour hisser les remorques les plus lourdes au sommet de la rampe d'accès au bac. (ECPArmées.)

5. Sur la rive, les convois se reforment. Pour le moment, le temps est beau mais les hommes ne semblent pas particulièrement inquiets à l'idée d'une attaque aérienne. Noter que chacune des remorques porte un large drapeau à la croix rouge. (ECPArmées.)

6

6., 7. Les convois se dirigent vers Rouen pour rejoindre un des axes routiers remontant vers le nord-est, soit la N-27, soit la N-28. Le bac de Croisset a été utilisé très efficacement entre le 15 et le 21 août, transportant des milliers d'hommes et des centaines de véhicules. Après cette date, l'encombrement est tel sur la rive gauche de la Seine que le rendement du bac en est gravement affecté. (ECPArmées.)

7

1. Amenés à Rouen par le réseau routier, les Allemands en retraite découvrent trop tard que les ponts ont été détruits par l'aviation alliée. Ce panneau qui indique clairement que les ponts sont inutilisables a été photographié sur la rive droite, sur le Quai de Paris. A l'arrière plan, on aperçoit le pont Boieldieu. (ECPArmées.)

2., 3. Trop tard ! De nombreux convois se trouvent pris dans un gigantesque embouteillage qui se développe dans la ville et plusieurs milliers de véhicules se trouvent ainsi en attente au sud des points de passage.. (Bundesarchiv)

3

4. Au début juin, en une « semaine rouge » particulièrement terrible, les bombardiers alliés ont attaqué les ponts pratiquement tous les jours et leurs bombes ont détruit le centre de la ville. Cette photo a été prise rue du Grand Pont, en regardant vers la rue des Charrettes avec à gauche, le Théâtre des Arts. Sur la droite et derrière le photographe, tout le quartier qui s'étend entre les quais et la Cathédrale, de la rue du Grand Pont jusqu'à la rue de la République, a déjà été rasé par les bombes. Les bombardiers vont revenir et, aujourd'hui, aucun de ces bâtiments n'existe plus : le Théâtre des Arts et la rue des Charrettes ont disparu et la rue St-Etienne-des-Tonneliers passe aujour-

d'hui là où se trouvait la pharmacie qu'on voit au centre de la photo. (ECPArmées.)

4

1., 2. Trois bacs lourds en service en aval du pont Jeanne d'Arc transportent chaque jour près de 500 véhicules et plusieurs centaines d'hommes. Ils fonctionnent sans arrêt du 21 au 25 août. (ECPArmées.)

1

2

3. Le 25 août, l'un de ces bacs est détruit et un autre est endommagé lors de l'attaque aérienne menée par la R.A.F. Du fait de la confusion et des véhicules détruits qui encombrent les quais de la Seine après l'attaque, le troisième bac est alors pratiquement inutilisable. (ECPArmées.)

4., 5. Le génie a construit des bacs en aménageant des péniches qui se trouvaient dans le port. Une telle péniche peut transporter, comme on le voit ici, près d'une dizaine de véhicules: sept véhicules, semi-chenillés pour la plupart, ont été hissés en travers de cette péniche. (ECPArmées.)

4

5

1. Cette photo a été prise sur la rive gauche, alors que des véhicules sont chargés sur des péniches. Les quais sont hauts, les rampes d'accès ont été construites avec les moyens du bord et la manœuvre est difficile. (ECPArmées.)

2., 3. Une barge vient d'accoster sur la rive droite. Les rampes d'accès sont rapidement mises en place.

1

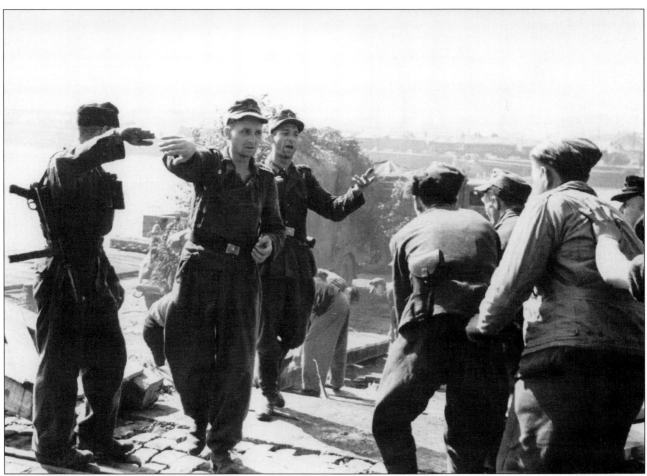

4

2

3

L'heure est grave et tous apportent leur aide : tankistes du Heer, Waffen-SS, des hommes de la Luftwaffe, des fantassins... (ECP-Armées.)

4. Ces deux tankistes semblent protester de la lenteur des opérations: « Qu'est-ce que vous faites ? Pensez à vos camarades qui sont encore de l'autre côté ! » (ECPArmées.)

5. Cette série de photos a été prise sur la rive droite, en regardant vers l'est, vers l'amont. A l'arrière-plan, Rouen. Une barge vient d'accoster sur la rive droite, des rampes sont mises en place et les véhicules sont déchargés à la hâte. (ECPArmées.)

5

1. Photo prise sur la rive droite, comme toutes celles de cette page, en regardant vers l'est, vers l'amont. Un tracteur d'1 tonne est débarqué. (ECPArmées.)

2., 3. Plusieurs véhicules légers sont débarqués, puis c'est un tracteur lourd SdKfz 9. (ECPArmées.)

1

2

3

4

4, 5. Autre série de photos prises sur la rive droite, cette fois en regardant vers l'ouest, vers l'aval. Une autre barge accoste, on met rapidement des rampes d'accès en place et les premiers véhicules débarquent. (ECPArmées.)

6., 7. Il n'y a pas de grue, le temps presse et les véhicules sont hissés sur le quai à la force des bras. Une certaine confusion règne : on voit des tankistes, des Waffen-SS, des hommes de la Luftwaffe, des fantassins. Noter la grande variété de véhicules : des voitures, des motos, des camions, dont un Renault AHR... (ECPArmées.)

5

7

1

1. La capacité de franchissement est très insuffisante à Rouen et près de 4 000 véhicules de toutes sortes se trouvent bientôt rassemblés sur la rive gauche, attendant une place sur un bac. Ces photos ont été prises le long du quai Jean de Béthencourt au matin du 25 août. (ECPArmées.)

2., 3. C'est l'inventaire de l'équipement de la Wehrmacht qui se trouve déployé sur le quai: toutes

2   3

sortes de voitures, des canons, un PzKpfw IV, un Tiger, un Panther, un SdKfz 11... (ECPArmées.)

4., 5. Les hommes, de nombreux Waffen-SS parmi eux, ne semblent pas se soucier outre mesure de la menace qui pèse sur eux. Toutefois, ce jeune soldat de la « Frundsberg » est songeur. Il a raison: dans quelques heures, les bombes vont pleuvoir. (ECPArmées.)

4

5

1. Du fait des conditions météorologiques qui gênent l'aviation alliée, les Allemands ont pratiquement disposé de deux jours et de six nuits de répit. Ils en ont tiré le meilleur profit... Un convoi remonte le boulevard Cauchoise (aujourdhui boulevard des Belges) puis le boulevard Jeanne d'Arc (aujoudhui boulevard de la Marne). Noter les destructions causées au cours des semaines précédentes par les bombes alliées. (ECPArmées.)

2., 3., 4. Un convoi hippomobile a atteint la Place Cauchoise. Le repli se poursuit mais plus personne n'affiche un sourire pour le photographe : un jeune soldat semble même cacher son visage derrière la visière de sa casquette. (ECPArmées.)

1

2

3

4

5., 6. Les Rouennais, qui font la queue devant les magasins, ici la Coop au coin de la Place Cauchoise, ou qui respirent un peu d'air frais à la sortie d'un abri entre deux alertes, portent sur la retraite allemande un regard indifférent, sinon narquois. (ECP-Armées.)

5

6

1., 2. La journée du 25 août a été calme à Rouen mais des bombardiers légers de la R.A.F. attaquent soudain vers 19 h 35. Une seconde attaque, plus lourde, frappe Rouen le lendemain : une soixantaine de bombardiers de la R.A.F. bombarde de nouveau la ville, tandis que près de 500 bombardiers du *IX Tactical Air Command* américain attaquent le secteur. (R. Jacques.)

1

2

3., 4. Ces photos ont été prises depuis les hauteurs qui dominent l'avenue du Mont-Riboulet, soit le 25, soit le 26 août. Sur la rive gauche, le quai Jean de Béthencourt est en flammes. (ECPArmées.)

3

4

5. Le servant de ce canon de 20 mm monté sur une barge a fait ce qu'il a pu pour écarter les bombardiers (noter les nombreuses douilles vides), mais cela n'a pas suffi. (ECPArmées.)

5

1., 2. De nombreuses péniches sont touchées et l'attaque met un terme définitif à la construction du pont de bateaux entreprise par les Allemands entre la rue Jean-Rondeaux et le boulevard des Belges. Le franchissement reprend néanmoins dès la fin de l'attaque sur les barges non endommagées. (ECPArmées.)

3., 4. Boulevard des Belges, à quelques dizaines de mètres du fleuve, des véhicules sont en flammes et les corps de soldats tués par les bombes gisent sur le trottoir. Ils pensaient sans doute avoir fait le plus difficile, traverser la Seine. (ECPArmées.)

3

4

5

5. Dans la nuit, c'est toute la rive gauche qui semble être en flammes. (ECPArmées)

1., 2. Après des jours d'un calme relatif, cette attaque a frappé avec grande précision: le moral en a pris un coup et rares sont ceux qui peuvent encore sourire pour le photographe. La fatigue se fait sentir et l'inquiétude se lit dans les regards: la guerre est perdue ! (ECPArmées.)

1

2

3. Chacun de ces hommes pense à ses camarades qui viennent d'être tués sur le quai, juste en face, et s'interroge sans doute sur la chance qu'il a eu, lui, de se trouver du bon côté du fleuve. (ECPArmées.)

3

Le 30 août, les Canadiens de la *3rd Canadian Division* entrent à Rouen. Dans la ville, tandis que les FFIs s'activent et que les colloborateurs sont arrêtés, des correspondants de guerre canadiens se documentent auprès de la population. (R. Jacques/Coll. Heimdal.)

Relation anonyme « *des jours tragiques des 23 au 27 août 1944* » à Rouen

Mercredi 23 août :

Nous nous attendons à des événements importants, la bataille se rapprochant de nous et le canon se faisant entendre fort. L'arrivée de quelques voitures allemandes en fuite, à la recherche des ponts de Rouen, nous surprend cependant.

Jeudi 24 août :

Des voitures allemandes des trains de combats, à la recherche toujours des ponts sur la Seine, arrivent à nouveau dans la matinée et commencent à s'entasser dans les rues. Le soir, le mouvement s'accentue. Nous commen-çons à être inquiets sur les conséquences de cette accumulation de troupes sur les quais. Le ciel, fort heureusement, demeure couvert, empêchant les reconnaissances d'aviation.

Vendredi 25 août :

Des files interminables des véhicules arrivent. Après les trains de combat, les unités combat-tantes, artillerie, D.C.A., tanks, avec leur personnel. Personne ne paraît savoir qu'il n'y a plus de ponts à Rouen. Tous ces véhicules s'entassent sur les avenues de Caen, Jean Rondeaux, sur les quais, et, ce qui est plus grave, rue Léon Maletra, autour des usines, sous les hangars de la chambre de commerce. Des SS nous disent qu'ils ont été trompés, que leur état-major était persuadé que les ponts de Rouen existaient encore. Le génie allemand se hâte de bâtir un pont de bateau, à l'abri d'un rideau de fumée, dans le but de décongestion-ner la rive gauche.

Les véhicules continuent à affluer, leur file s'étend jusqu'à Grand-Couronne. Dans le but de se dérober à l'aviation ennemie, les voitures commencent à envahir les usines. Le temps commence à se lever et les avions alliés rôdent. Nous sentons la catastrophe approcher. La construction du pont de bateaux est lente ; il doit cependant être prêt vers le soir à 20 heures.

Vers 19 heures, ce que nous craignions se pro-duit. Des escadrilles débouchent du nord-ouest. Le bombardement commence ; il dure vingt minutes mais est terriblement efficace. Les incendies s'allument place Carnot, sur les quais jusqu'à l'avenue Jean Rondeaux, dans les rues de Saint-Sever. Les Allemands commencent à s'affoler et cherchent à se cacher partout. La nuit commence dans les lueurs de l'incendie et les explosions des munitions. Vers minuit, nou-veau bombardement : avion par avion, pendant une heure et demie, les chapelets se déver-sent. Les quais sont en feu du pont Boiledieu jusqu'au bassin aux bois.

Les Allemands commencent à être inquiets. Cependant, la colonne continue à s'embou-teiller autour du port. Le pont de bateaux a été détruit l'après-midi ; un va et vient continue à fonctionner au bassin aux bois.

Samedi 26 août :

La journée se passe à peu près calme. Certains groupes d'allemands se préparent à retourner au combat. Vers 20 heures, nouvelle arrivée d'avions. Nouveau bombardement des quais, celui-ci plutôt sur le bassin aux bois et sur les magasins de la SNCF. Durée, environ une heure. Les incendies s'allument à nouveau et dans la nuit, les flammes et la fumée montent plus sur la gauche. Vers minuit, nouveau bom-bardement ; celui-ci dure deux heures. Les incendies font rage, les Bois Exotiques, Mon-treuil, Clamageran sont en flammes.

Dimanche 27 août :

La matinée est calme. Rien ne justifie des craintes ; les Allemands restants ont quitté le secteur. Nous commençons à nous croire sau-vés. Mais à midi, nouvelle alerte. Bombarde-ment sur zone, implacable, sans fin. Il dure une heure et demie. Toute la rive gauche est arro-sée, mais surtout le quartier de l'usine. Ce fut le dernier bombardement.

JF Cornu

Sur le quai Jean de Béthencourt à Rouen (rive Sud), ce jeune tankiste du *Heer*, d'une 3e compagnie de chars (il peut appartenir à la *2. Pz. Div.*, ou plus probablement à la *9. Pz. Div.*) attend tranquillement de franchir la Seine. Cette peinture (J.-F. Cornu/Heimdal) a été réalisée d'après une photo que nous avons vue à la page 46. Nous voyons ici un char Panther Ausf. A, la deuxième version de ce délèbre char dispose maintenant d'un tourelleau avec sept épiscopes. On le reconnaît, à l'arrière par ces pots d'échappement (trois à gauche, un à droite, assymétriques). Apparemment ce char, recouvert de Zimmerit, en partie écaillée, est encore uniformément de couleur sable sans camouflage. Le feuillage placé sur la tourelle en tient lieu. Les chiffres sont rouges bordés de blanc.

1

3

5

6

3

4

Les tenues de tankistes du *Heer* (Armée de Terre)

7

Comme le montrent les photos des pages de cet album, les tankistes allemands, à la fin du mois d'août 1944, présentent des tenues très mélangées, il est même difficile d'apercevoir deux tankistes, sur une même photo, portant la même tenue. Si la veste est identique, le couvre-chef ou le pantalon peut être différent. Ainsi, au fil des années, de nouveaux effets furent conçus et distribués. Mais, comme l'armée allemande était « pauvre », tout fut conservé ce qui aboutit à ce mélange invraisemblable. Ces quelques pages (58 à 63) présentent quelques-unes d'elles, ce qui permettra au lecteur de s'y retrouver quelque peu.

1. Avec le blouson noir croisé de tankiste du *Heer* est, généralement, porté ce pantalon de drap noir serré aux chevilles par une coulisse. Assez long, il est rabattu par dessus les bottes et il est bouffant aux chevilles avec des brodequins. La chemise en tricot ou jersey gris foncé à deux poches a été adoptée le 23 juin 1943. Les pattes d'épaules ne peuvent pas être portées dessus mais, en pratique, elles sont quelquefois portées comme ici (un lieutenant-*Oberleutnant*). Le calot noir est du modèle adopté le 27 mars 1940. Il s'agit ici du modèle pour officiers comme l'indique le passepoil en fils d'aluminium. La soutache en V est à la couleur d'arme (rose).

2. Casquette standard noire (*Einheitsfeldmütze*) d'officiers (passepoil en fils d'aluminium) et tête de mort des panzers du *Heer*. (Photo P.L.)

3. *Feldmütze* noire des panzers modèle 42. (Photo P.L.)

4. Casquette à visière rigide d'officier des panzers (couleur d'arme rose des passepoils) pour tenue de service ou de sortie. (Photo P.L.)

5. Insigne de combat des blindés *(Panzerkampfabzeichen)* : créé le 20 décembre 1939, pour les équipages de chars qui ont pris part à trois engagements suivis de combats durant trois journées différentes. (Photo P.L.)

6. Le 2 juillet 1943, l'insigne est divisé en cinq classes : le simple pour la première, l'insigne pour 25 engagements pour la seconde, pour la troisième celui pour 50 engagement (montré ici), pour la quatrième celui pour 75 engagements et pour la cinquième celui pour 100 engagements. (Photo P.L.)

7. Cette peinture (Eric Lefèvre/Heimdal) présente le treillis de protection en toile de coton vert roseau pour les équipages des auto-blindées de reconnaissance qui a été adopté le 5 mai 1941. Sa coupe est identique à celle de la tenue noire. Le galon représenté ici sur la manche est celui d'un caporal. Le calot noir (adopté le 27 mars 1940) est identique à celui aperçu sur l'illustration n° 1, mais la version troupe et sous-officiers (pas de passepoil en fils d'aluminium) et sans la soutache en V de couleur d'arme (qui doit, théoriquement, être ôtée des calots à partir du 8 septembre 1942). Les commentaires uniformologiques de ces deux pages et ceux des quatre pages suivantes sont extraits des « Panzers en Normandie » d'E. Lefèvre (Ed. Heimdal).

Tenues des tankistes

1. Casquette de la tenue de service et de sortie d'un sous-officier d'une unité de chars (passepoil rose) de la Waffen-SS. (Photo P.L.)

2. Casquette standard d'officier des panzers de la Waffen-SS. Elle se distingue de celle de la troupe et des sous-officiers par un passepoil et des insignes tissés en fil d'aluminium. L'emblème national est placé sur le côté. (Photo P.L.)

4

de la Waffen-SS

6

7

5

8

3. Casquette de la tenue de service et de sortie de la Waffen-SS. Les insignes sont tissés en fils d'aluminium. Ils peuvent aussi être métalliques comme sur la première casquette. (Photo P.L.)

4. Tenue de protection en toile de treillis vert roseau pour les équipages des auto-blindées (adoptée le 1er septembre 1941) et utilisée aussi par les tankistes. Coupe et insignes de la Waffen-SS. Les insignes de grade sont ceux d'un sous-lieutenant *(SS-Untersturmführer)*. Calot noir d'officier des tankistes avec son passepoil argenté. (Peinture Eric Lefèvre/Heimdal.)

5. Ce blouson croisé de tissu noir est porté par les hommes et sous-officiers des unités de chars de la Waffen-SS. Les officiers portent un blouson identique mais avec un liseré de fil d'aluminium tissé autour du col. Ici est représenté un blouson de caporal du *SS-Pz.Rgt. 2 « Das Reich »*. La casquette représentée ici est une casquette standard *(Einheitsfeldmütze)* identique à celle de la photo « 2 ». Mais celle-ci est du modèle troupe sans passepoil en fil d'aluminium autour de la coiffe. L'aigle est ici porté au-dessus de la tête de mort. (Peinture Eric Lefèvre/Heimdal.)

6. Patte d'épaule pour les hommes de troupe de la *1. SS-Panzer-Division « Leibstandarte Adolf Hitler »* (en abrégé « *LAH* ». nous voyons ces trois initiales brodées sur cette patte d'épaule. (Photo P.L.)

7. Plaque individuelle d'un homme de cette division. (Photo P.L.)

8. Casque avec son couvre-casque camouflé de la Waffen-SS. (Photo P.L.)

Marquage des Panzers

1	2	9
3	4	10
5	6	11
7		
8		12

Les divisions de panzers arboraient souvent leurs emblèmes sur leurs véhicules. Ils étaient peints au pochoir (généralement en blanc) souvent à l'avant-gauche, sur le garde-boue (sur les véhicules à roues ou semichenillés) ou sur la caisse.

1. 1. SS-Pz. Div. « LAH » ; 2. 12 SS-Pz. Div. « HJ » ; 3. I. SS-Pz. Korps ; 4. 2. SS-Pz.Div. « Das Reich » ; 5. 17. SS-Pz.Gren. Div. « G.V.B. » ; 6. 2. Pz.Div. ; 7. 116. Pz.Div. 8. Classe de véhicule : à partir de mars 1943, les véhicules et les engins blindés doivent porter sur le côté gauche (peint en noir au pochoir) des indications réparties généralement sur trois lignes. La catégorie du véhicule (SdKfz) ; - le poids total *(Ge. Gew.)* ; la catégorie de poids *(Ve. Kl.)* ici « S » pour *Schwer* (lourd). Les chiffres portés sur les tourelles sont peints avec de grands chif-fres noirs bordés de blanc (9), rouges bordés de blanc (10, très fréquent), jaune (11), noirs en bordure interrompue (12). Le premier chiffre désigne la compagnie, le second la section et le troisième le numéro d'ordre à l'intérieur de celle-ci. Ainsi, le « 723 » est le 3ᵉ char de la IIᵉ section de la 7ᵉ compagnie (peintures E. Lefèvre/Heimdal

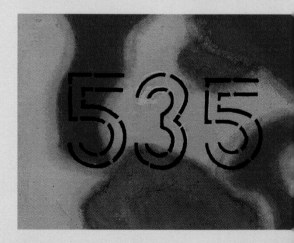

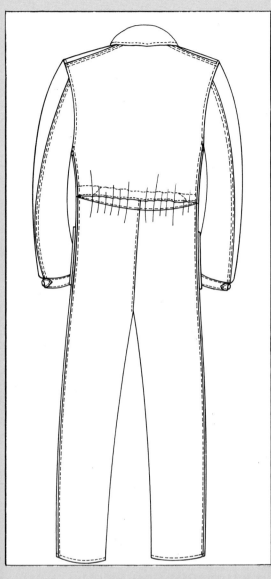

Combinaison camouflée pour tankiste de la Waffen-SS. Cette tenue, pas très courante, fut portée en Normandie par certains équipages de la Waffen-SS. Cette combinaison camouflée (ici le camouflage printemps/été à l'extérieur) remplace, à partir du 15 janvier 1943, le treillis « vert roseau ». A partir de janvier 1944, elle est remplacée à son tour par le treillis deux pièces camouflé à petites taches qui deviendra plus courant. Sur la combinaison présentée ici, l'aigle de la Waffen-SS est cousu sur la manche gauche et, au-dessus, les insignes de grades spéciaux pour ces tenues, ici le grade de lieuenant. Le ceinturon d'officier de cuir fauve de l'armée de terre est porté ici. Au-dessus, nous voyons la casquette de la tenue de service et de sortie *(Schirmmütze)*, portée en tenue de campagne sans jugulaire par certains officiers. Les passepoils sont réglementairement blancs pour toutes les armes ; on trouve cependant quelquefois des passepoils à la couleur d'arme (rose pour les unités de chars). (Peinture et dessin Eric Lefèvre/Heimdal.)

Le Jagdpanther, armé d'un canon de 88 mm, est le meilleur chasseur de chars que les Allemands aient produit pendant la Seconde Guerre mondiale. Seuls douze de ces engins ont combattu en Normandie, ceux de la 2ᵉ compagnie de la *Panzer-Jäger-Abteilung 654* ; ils seront engagés le 30 juillet 1944 contre des éléments de la Division de la Garde (voir « La garde contre la Hohenstaufen » dans cette collection, Ed. Heimdal). Cette peinture (J.-F. Cornu/ Heimdal) est réalisée d'après une photo prise à Bourgthéroulde le 22 ou le 23 août 1944 montrant deux de ces engins arrivés à proximité des rives de la Seine. L'un de ces engins sera détruit un peu plus loin, à Elbeuf comme le montre la photo de la page 76.

Ci-contre : Poste de conduite d'un véhicule blindé semi-chenillé SdKfz 251 Ausf. HD. Les fenêtres sont protégées par des volets blindés rabattables. On aperçoit le siège (rabattable) devant le volant, le tableau de bord et la boîte de vitesse. Le poste de pilotage du SdKfz 251/8 vu à la page 28 est identique à celui-ci. (Photo P.L. prise au Musée de la Bataille de Falaise.)

Le rapport du *Bombing Analysis Unit* de la R.A.F.

En 1945, le *Bombing Analysis Unit* de la R.A.F. a rédigé un rapport très complet, « *The German retreat across the Seine, August 1944* ». Une commission d'enquête de quatre hommes (le Docteur C.W. Emmens et le lieutenant L.O. Southin du *Bombing Analysis Unit*, le Major P.L. Maze du Bomber Command et le capitaine G. Ashworth de l'US Air Force) a mené une étude sur le terrain, sur les rives mêmes de la Seine, au début de 1945. Là, ils ont interrogé de nombreux témoins, à la fois les autorités françaises, maires ou gendarmes et de simples civils. S. Zuckerman, directeur scientifique au *Bombing Analysis Unit*, a ensuite analysé ces observations ainsi que les rapports de mission rédigés par les unités aériennes qui sont intervenues sur la Seine en août 1944 et ont attaqué les points de passage. A noter toutefois que seules les opérations aériennes clairement identifiées figurent dans ce bilan. Il est certain que de nombreuses attaques ont été ignorées parce que leur localisation exacte était imprécise.

Quillebeuf :

Le bac a été utilisé la nuit entre le 20 et le 21 août, puis de jour comme de nuit jusqu'au 24 août. De 6 000 à 8 000 hommes ont traversé la Seine ici, ainsi que de nombreux chevaux. Le site a été attaqué de nuit par des avions alliés, à la lumière de fusées éclairantes, les 26 et 27 juillet puis le 24 août. Ce dernier raid a coulé le bac. Des attaques aériennes ont également été menées de jour, mais elles ont été inefficaces et n'ont même pas interrompu la traversée.

Entre Quillebeuf et Vieux-Port :

A partir du 24 août, les Allemands en retraite ont traversé la Seine entre Quillebeuf et Vieux-Port en utilisant toute sorte de moyens : radeaux, barques et même simples planches. Seuls des hommes et des chevaux ont pu traverser ainsi, certains des chevaux avec des chambres à air comme bouée autour du cou. De nombreux chevaux restèrent toutefois sur la rive gauche et certains furent abattus. Une barge à moteur a été amenée à partir du 26 août mais elle a été touchée ce même jour par des tirs d'artillerie alliés et a été abandonnée. Les Alliés vont faire de nombreux prisonniers dans ce secteur.

Vieux Port :

Le bac a été signalé comme touché par des bombes de 250 kilos au cours d'une attaque aérienne menée le 26 août. Il est apparu en fait que le bac avait été rendu inutilisable dès le 17 août par une attaque aérienne.

La Neuville :

Entre le 26 et le 28 août, une barge à moteur a permis à une cinquantaine de chevaux et à près 3 000 de hommes de franchir la Seine dans ce secteur, entre la Neuville et la Rue sur la rive gauche et Norville et Cantepie sur la rive droite.

Villequier :

Le bac, d'une capacité de 50 tonnes, a été utilisé entre le 15 et le 30 août, d'abord la nuit, puis ensuite de jour comme de nuit. Au cours de cette période, il a transporté des milliers d'hommes et 2 000 véhicules environ. Ce bac a été utilisé jusqu'au 30 août.

Caudebec :

Un bac, d'une capacité de 50 tonnes, a été utilisé entre le 15 et le 30 août, d'abord la nuit, puis de jour comme de nuit. Au cours de cette période, il a transporté des milliers d'hommes et 2 000 véhicules environ. En plus du bac, des radeaux et autres barges ont également été utilisés à partir du 26 août, transportant de nombreux chevaux et près de 2 000 hommes. Le site a été attaqué de nuit, à la lumière de fusées éclairantes, le 27 juillet puis le 24 et le 27 août, sans résultat apparent. Le bac a en fait été coulé lors de l'attaque du 27 août mais un bac de secours a été immédiatement mis en place et a été utilisé jusqu'au 30 août.

Plusieurs milliers de véhicules se trouvaient en attente à un instant dans le secteur entre la forêt de Brotonne et la Seine, au sud des bacs de Villequier et Caudebec. Près de 1 700 véhicules n'ont pu franchir la Seine à temps et ont été saisis par les Alliés, abandonnés dans ce secteur.

La Mailleraye :

Utilisé jusqu'au 30 août, le bac entre la Mailleraye et Maison Blanche a transporté près de 500 véhicules et plusieurs milliers d'hommes. Des radeaux et autres barges ont également été utilisés juste en aval du bac, transportant hommes et chevaux. Le site a été attaqué de jour et de nuit, à la lumière de fusées éclairantes, les 19 et 24 août. Un coup au but a été revendiqué par un pilote au cours de l'attaque du 19 août mais le bac n'a pas été touché.

Heurteauville :

De nombreux radeaux et barges ont été utilisés dans ce secteur, transportant hommes et chevaux. Un bac aurait été coulé par une attaque aérienne quelques jours avant le début de la retraite.

Jumièges :

De nombreux radeaux et barges ont été utilisés dans ce secteur.

Le Landin :

De nombreux radeaux et barges ont été utilisés dans ce secteur. De nombreuses attaques aériennes ont été menées dans ce secteur, en particulier par des Typhoons armés de roquettes. Un ponton aurait été touché lors d'une attaque de nuit le 19 août mais aucune trace de ce ponton n'a pu être retrouvée après la guerre.

Le Mesnil-sous-Jumièges :

Le bac semble avoir été coulé le 21 juillet au cours d'une attaque aérienne mais aucun pilote n'a revendiqué ce succès. De nombreux radeaux et barges ont été utilisés dans ce secteur. Le *Kampfgruppe Luck* a franchi, on l'a vu, la Seine dans ce secteur.

Duclair :

Le bac, d'une capacité de 50 tonnes, a été utilisé entre le 15 et le 30 août, d'abord la nuit, puis ensuite de jour comme de nuit. Au cours de cette période, il a transporté des milliers d'hommes et 2 000 véhicules environ. Des attaques aériennes de nuit ont été menées contre le site le 27 juillet, puis les 17 et 24 août. Sans résultat. Les attaques de jours ont égale-

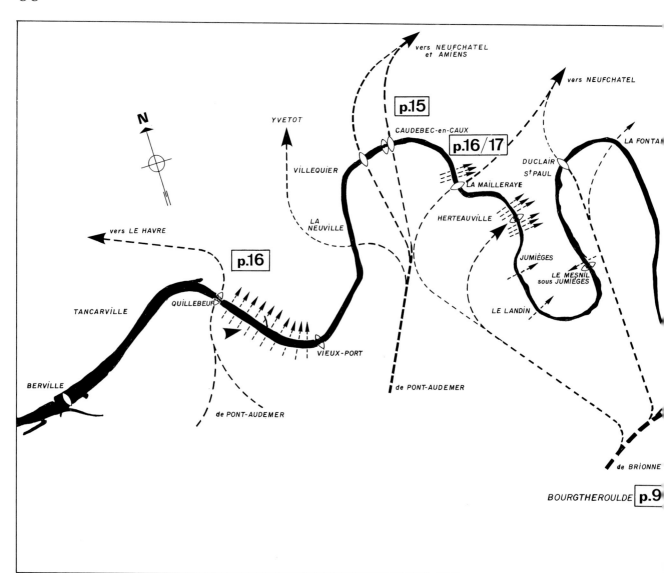

En 1945, le département d'analyse des bombardements *(Bombing Analysis Unit)* de la R.A.F. a rédigé un rapport sur la traversée de la Seine par les Allemands, *« The German retreat across the Seine, August 1944 »*. Pour ce faire, une commission d'enquête de quatre hommes, le Docteur C.W. Emmens et le lieutenant L.O. Southin du *Bombing Analysis Unit*, le Major P.L. Maze du Bomber Command et le capitaine G. Ashworth de l'US Air Force, a mené une étude sur le terrain, sur les

ment été nombreuses et un pilote a revendiqué un coup au but le 26 août. En fait, le bac n'a pas été touché. De nombreux radeaux et barges ont également été utilisés à l'aval du bac. Souvent, plusieurs milliers de véhicules se sont trouvés en attente entre Duclair, Anneville et Bardouville, au sud du bac. Près de 500 n'ont pu traverser la Seine et ont été abandonnés. Ce point de franchissement a été utilisé par la *9. SS-Panzer-Division.*

La Fontaine :

Plusieurs centaines d'hommes et quelques dizaines de véhicules ont traversé la Seine à la Fontaine, utilisant une barge.

La Bouille :

Utilisé jusqu'au 28 août, ce bac a transporté près de 500 véhicules et quelques milliers d'hommes. Des radeaux ont également été utilisés juste en aval du bac, transportant entre 2 000 et 3 000 hommes ; d'autres ont traversé à la nage. Le bac a été attaqué de nuit, à la lumière de fusées éclairantes, le 27 juillet puis le 25 août. Un coup au but de roquettes a été revendiqué par un pilote au cours de cette dernière attaque mais en fait le bac n'a pas été touché.

Moulineaux et Hautot :

Quelques unités ont traversé la Seine entre Moulineaux et Hautot en utilisant des bacs. Ils ont été souvent attaqués par des avions, particulièrement à la rockets, et le bac de Hautot aurait été touché le 14 juillet.

Grand-Couronne :

Plusieurs attaques aériennes ont été menées sur ce site le 25 août. Deux coups au but ont été revendiqués par les pilotes mais en fait le bac n'a pas été touché. Ce bac, d'une capacité de 15 tonnes, a été utilisé jusqu'au 29 août et un millier de véhicules et près de 5 000 hommes ont franchi la Seine à cet endroit.

Petit-Couronne :

Le bac, qui avait été amené de Rouen, était un des principaux points de passage. La rampe d'accès a été gravement endommagée au cours d'une attaque aérienne le 29 août et le bac rendu ainsi inutilisable. Auparavant, un millier de véhicules et près de 5 000 hommes avaient traversé.

Grand-Quevilly :

Utilisé jusqu'au 25 août, date à laquelle il a été détruit par une attaque aérienne, ce bac a

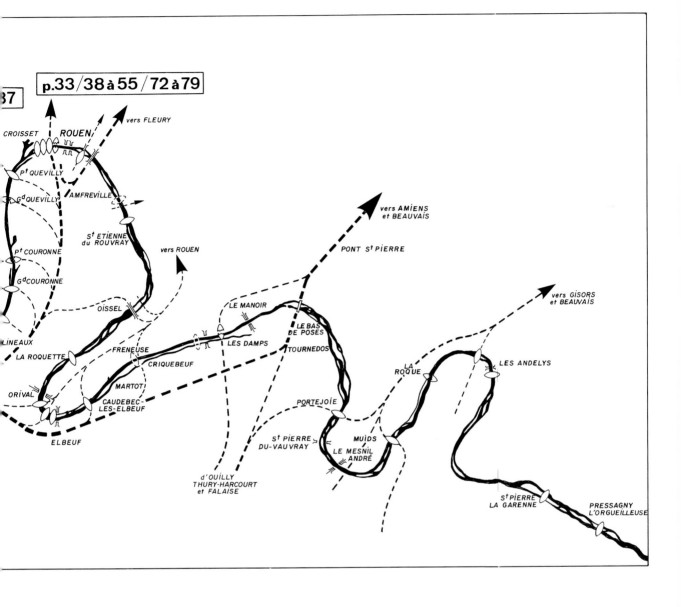

p.33/38 à 55/72 à 79

transporté près de 500 véhicules et quelques milliers d'hommes.

Croisset :

De nombreuses unités d'infanterie et des ambulances ont traversé la Seine sur le bac de Croisset, en particulier entre le 15 et le 21 août. A partir du 25 août, le bac est pratiquement inutilisable du fait des encombrements qui bloquent les voies d'accès sur la rive gauche, encombrements qui ralentissent considérablement le débit du bac.

Rouen :

Malgré la destruction des ponts, Rouen a été le principal point de passage de la Seine : au moins 50 000 hommes ont franchi la rivière dans ce secteur. Littéralement « aspirés » à Rouen par le réseau routier, les Allemands en retraite découvrent trop tard que tous les ponts ont été détruits par l'aviation alliée. Ils se trouvent alors bloqués dans la boucle de la Seine, enfermés comme dans une nasse, pris dans les gigantesques embouteillages qui se développpent dans la ville. Plusieurs milliers de véhicules, au moins 4 000, se trouvent ainsi en attente à un instant à Rouen, au sud des points de passage. Près de 1 700 d'entre eux ne pourront franchir la Seine et vont être saisis par les Alliés, détruits ou simplement abandonnés.

Rouen va subir trois attaques successives, les 25, 26 et 27 août. Le 25 août, vers 19h30, une trentaine de Mitchells et de Bostons de la 2nd Tactical Air Force de la RAF bombardent les colonnes de véhicules massés sur la rive gauche de la Seine ; des centaines de véhicules sont détruits. Une soixantaine de bombardiers moyens de la 2nd Tactical Air Force attaquent de nouveau le 26 août tandis que près de 500 bombardiers moyens du IX Tactical Air Command américain attaquent le secteur de Rouen. Enfin, le 27 août, ce sont 300 bombardiers moyens, des Marauders et Bostons, du IX Tactical Air Command qui attaquent Rouen une dernière fois.

Malgré les difficultés, l'obstacle de la Seine est surmonté : le pont de chemin de fer d'Eauplet qui n'est que peu endommagé (trois arches sont intactes, une seule a été détruite au cours d'un bombardement) est réparé en hâte et des planches sont placées sur les rails pour permettre le passage des véhicules. Dans le

rives même de la Seine, au début de 1945. Ils ont interrogé de nombreux témoins, à la fois les autorités françaises, les maires, des gendarmes et de simples civils. S. Zuckerman, directeur scientifique au Bombing Analysis Unit, a ensuite analysé ces observations ainsi que les rapports de mission rédigés par les unités aériennes qui sont intervenues sur la Seine en août 1944.

1. La Seine franchie, la retraite se poursuit pour la Wehrmacht, dans l'espoir d'un rétablissement du front sur une ligne qui s'appuierait sur la Somme et sur la Marne. Le ravitaillement fait défaut, les communications sont pratiquement inexistantes et le commandement rencontre les plus grandes difficultés à maîtriser les opérations. (ECPArmées.)

1

2. Tandis que la *5. Panzerarmee* s'efforce de contrôler la retraite de plus de 250 000 hommes, la *15. Armee* fait des miracles pour accueillir et regrouper les unités. Sans doute rassérénés par l'ordre qui semble se rétablir, ces hommes vont repartir vers la ligne Kitzinger. Ils ne savent pas encore que cette ligne de défense n'existe pas. (ECPArmées.)

2

même temps, le génie met en service au moins quatre bacs et construit un pont de fortune en s'appuyant sur des péniches amarrées bord à bord.

Trois bacs lourds sont mis en service dans le port et transportent 500 véhicules et quelques centaines d'hommes par jour. Ils fonctionnent sans arrêt du 21 au 25 août, date à laquelle l'un d'eux est détruit et un autre endommagé lors de l'attaque aérienne. Du fait de la confusion et des véhicules détruits qui encombrent les quais de la Seine après cette attaque, le troisième bac est pratiquement inutilisable et les véhicules en attente dans le port se déroutent pour utiliser le pont ferroviaire. Un peu plus en aval, au niveau du port de Rouen, un autre bac a été mis en place à partir du 23 août ; c'est un bac léger ne transportant que des hommes.

Un pont s'appuyant sur des péniches amarrées bord à bord est construit en aval du pont Jeanne d'Arc, entre la rue Jean-Rondeaux et le boulevard des Belges. Mis en service le 25 août, il est détruit le même jour par les bombes de la RAF et tous les efforts pour le remettre en état vont s'avérer vains.

Une passerelle étant encore praticable entre l'île Lacroix et le rive droite de la Seine, un bac est établi entre la rive gauche et l'île et, tant bien que mal, une centaine de véhicules va traverser ici chaque jour entre le 20 et le 25 août. Malgré les attaques aériennes (le pont est touché, mais sans gravité, lors d'une attaque de nuit le 27 août) le pont de chemin de fer tient bon et près de 7 000 véhicules le franchissent entre le 22 et le 30 août.

Amfreville :

De nombreux radeaux et barges ont été utilisés dans ce secteur, transportant près de 6 000 hommes.

Saint-Etienne-du-Rouvray :

Ce bac semble avoir été assez peu utilisé.

Oissel :

Plusieurs milliers d'hommes et 600 véhicules ont traversé la Seine sur le pont ferroviaire d'Oissel. De nombreuses attaques aériennes ont été menées contre ce pont, et des coups au but réussis, mais les Allemands ont toujours pu le réparer rapidement. Quelques dizaines d'hommes ont également traversé la rivière sur une barge à l'aval du pont. A noter que des éléments de la *10. SS-Panzer-Division* ont franchi le fleuve à Oissel, d'autres ayant traversé à Rouen.

Cléon :

Bien que disponible, le bac de la Roquette semble avoir été assez peu utilisé.

Orival :

Le bac ayant été endommagé, un bac de 80 tonnes est mis en place en utilisant les bacs de Caudebec rendus disponibles par la destruction des installations d'accostage (voir ci-dessous). Ce bac a été utilisé deux jours, les 16 et 17 août, puis a été endommagé, sans doute au cours d'une attaque aérienne. Parmi les troupes qui ont traversé à Orival, la *277. Infanterie-Division*.

Elbeuf :

Deux bacs ont été utilisés à Elbeuf jusqu'au 23 août, dont un bac lourd de 20 tonnes. A cette date, les Allemands qui craignent sans doute de ne pouvoir retenir les Alliés plus longtemps ont détruit les bacs et toutes les barges encore utilisables. Il semble que les deux bacs n'étaient déjà plus utilisables, ayant coulé auparavant à la suite de surcharge. De nombreuses attaques aériennes ont été menées dans le

3. Si le succès de la traversée de la Seine est incontestable, l'état des troupes qui se rassemblent à l'est du fleuve est catastrophique : les unités sont dispersées, les hommes sont épuisés et n'ont souvent rien d'autre que leur arme individuelle. D'après un rapport rédigé le 29 août par Model, il ne va être possible de rassembler que quatre unités avec ce qui reste de seize divisions d'infanterie. (ECPArmées.)

secteur d'Elbeuf, dont une attaque de nuit à la lumière de fusées éclairantes, mais aucun dommage autre que des barges coulées n'a été revendiqué. Parmi les unités qui ont franchi la Seine à Elbeuf et dans ce secteur, on peut citer d'importants éléments de la *2. Panzer-Division*, de la *1. SS-Panzer-Division* et de la *2. SS-Panzer-Division*.

Caudebec-les-Elbeuf :

Le bac d'une capacité de 80 tonnes a été utilisé jusqu'au 14 août, date à laquelle les FFIs ont détruit les installations d'accostage sur la rive gauche, rendant le bac inutilisable. Le bac a alors été transféré à Orival.

Criquebec :

Quelques centaines d'hommes ont franchi la Seine entre Criquebec et Freneuse, utilisant divers barques.

Les Damps :

Un bac établi au nord des Damps n'était plus utilisable après le 12 août: endommagé par une attaque aérienne ? C'est dans ce secteur, sur le pont de chemin de fer partiellement détruit, que les éléments survivants de la *353. Infanterie-Division* ont franchi la Seine.

Secteur de Poses-Amfreville :

L'écluse qui barre la Seine à Poses a été détruite par une attaque aérienne le 31 juillet et n'a pas été réparée. Toutefois, elle a été utilisée comme passerelle et quelques centaines d'hommes ont traversé ici. Un pilote a rapporté avoir touché cette écluse le 19 août mais les témoins au sol n'ont pas confirmé cette affirmation.

Un pont flottant, le seul que les Allemands aient construit sur la Seine en août, a été établi entre Poses sur la rive gauche et Amfreville sur la rive droite. Pour qu'il ne soit pas attaqué par les avions alliés, il n'était utilisé que de nuit et était démonté au matin, les divers éléments étant cachés le long des berges au cours de la journée. Plus de 16 000 véhicules ont franchi ce pont entre les 19 et 24 août, mais les chars de plus de 40 tonnes (comme les Panther ou Tiger) ne pouvaient le franchir ; ils devaient être détournés vers les bacs d'Elbeuf. Le 23 août, une douzaine de P-47 Thunderbolts et autant de P-38 Lightnings ont attaqué le pont, lâchant 28 bombes de 250 kilos. Sans résultats notables. Les Allemands ont détruit leur pont eux même dans la nuit du 25 août, avant de retraiter.

Le rapport souligne l'importance de ce point de passage, rapportant que près de 200 000 hommes (ce nombre est présenté comme une hypothèse haute, sans doute exagérée) auraient pu traverser la Seine ici. A partir du 20 août, de très nombreux véhicules se sont trouvés rassemblés sur la rive gauche, dans le secteur de Léry et du Vaudreuil, attendant de traverser. Plusieurs attaques aériennes dans ce secteur, les 22 et 23 août en particulier, n'ont fait que peu de dégâts. Moins d'une centaine de véhicules ont été retrouvés, véhicules détruits ou abandonnés, dans ce secteur.

Tournedos :

Quelques centaines d'hommes ont franchi la Seine à Tournedos, utilisant diverses barques.

Herqueville :

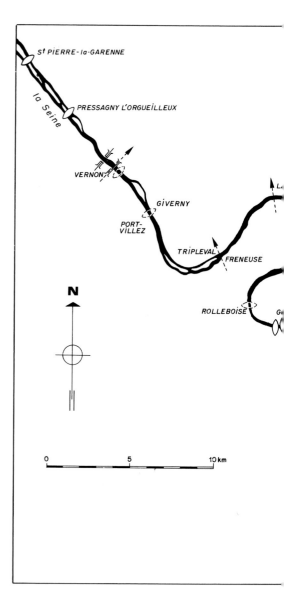

Au moins cinq bacs, chacun d'une capacité de 60 tonnes ont été mis en oeuvre entre Porte-Joie (près de Saint-Etienne-du-Vauvray) et Herqueville. Des milliers d'hommes, 2 000 véhicules environ et 40 chars ont traversé ici, sans difficulté. Parmi ceux-ci, des éléments de la *12. SS-Panzer-Division* et du *Kampfgruppe Mohnke*.

Le Mesnil :

Quelques centaines d'hommes ont franchi la Seine entre Vironvay et le Mesnil, utilisant des barques et des radeaux.

Muids :

Un bac d'une capacité de 60 tonnes était semble-t-il disponible entre la Mare et Muids mais il a été peu utilisé.

La Roque :

La construction d'un bac de grande capacité, 150 tonnes semble-t-il, entre Bernières et la Roque a été entreprise mais le site a subi plusieurs attaques aériennes et le bac n'a jamais été terminé.

Les Andelys :

Un bac d'une capacité de 60 tonnes était disponible à l'aval des Andelys mais il a été peu utilisé et principalement de nuit semble-t-il.

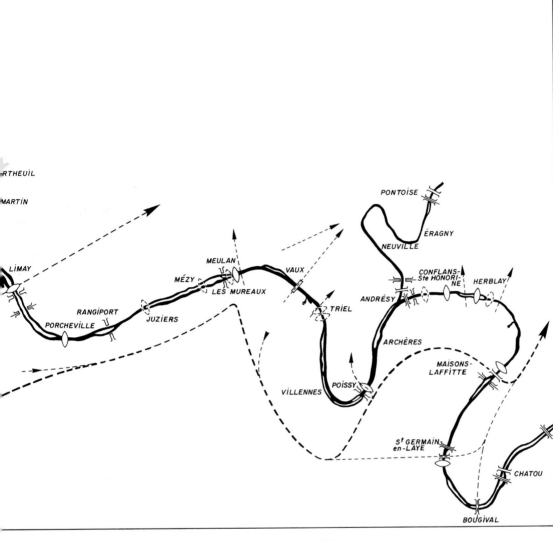

Saint-Pierre-la-Garenne et Pressagny-l'Orgueilleux :

Quelques centaines d'hommes ont franchi la Seine dans ce secteur, utilisant des barques et des radeaux.

Vernon :

Quelques centaines d'hommes ont traversé la Seine à Vernon, sur une passerelle de fortune établie sur les ruines du pont détruit depuis mai.

Port-Villez :

Quelques centaines d'hommes ont utilisé une écluse qui barrait la Seine à Port-Villez jusqu'à ce qu'elle soit endommagée par une attaque aérienne à une date non connue.

Bonnières-sur-Seine :

Deux milliers d'hommes environ et quelques centaines de véhicules ont traversé la Seine sur divers bateaux, entre Freneuse et Tripeval, à la Roche-Guyon ou entre Lavacourt et Vétheuil. Parmi eux, se trouvaient le personnel d'un dépôt souterrain.

Mantes :

Un bac d'une capacité de 16 tonnes est disponible à Mantes. 500 véhicules environ et près de 2500 hommes ont franchi la Seine à cet endroit.

Les Mureaux :

Deux bacs ont été établis entre les Mureaux et Meulan, le premier d'une capacité de 36 tonnes, l'autre de 8 tonnes. Le bac de 36 tonnes a été détruit à une date non connue, mais avant la retraite, et le bac de 8 tonnes a été coulé par la résistance le 19 août. A partir de cette date, les troupes en retraite poursuivent leur chemin pour traverser plus à l'est, à Maisons-Laffitte ou Saint-Germain.

Port-Maron :

Les Allemands ont établi un pont flottant à Port-Maron, au sud de Vaux, dans la nuit du 15 au 16 août. Ils l'ont ensuite démonté, pour ne jamais le remettre en service.

Poissy :

Le bac, d'une capacité de 5 tonnes, a été utilisé entre le 21 et le 24 août, de jour comme de nuit.

Maisons-Laffitte :

Près de 12 000 hommes ont traversé la Seine dans la nuit du 24 au 25 août, sans problème, puis les allemands ont détruit le pont le 25.

Saint-Germain :

2000 hommes et une vingtaine de chars ont franchi le pont dans la nuit du 24 au 25 août, et les Allemands ont détruit le pont le 25.

1

2

1. Tombant sur
des centaines de
véhicules em-
bouteillés sur les
quais, coincés
les uns contre
les autres, les
bombes causent
des dommages
considérables.

2., 3. Dans
« Rouen Désolé »
(réimprimé en
1987 par les édi-
tions Laffitte),
R.G. Nobécourt a
écrit comment
« en quelques
minutes, toute
cette mécanique
de guerre éclair
était disloquée,
écrasée, incen-
diée par le fou-
droiement de la
guerre en une

3

apothéose infernale. Ces machines orgueilleuses de porter la mort, la mort les frappait avec une furie qui remplissait le ciel ».

4. Pour la plupart, ces photos ont été prises sur le quai Jean de Béthencourt, certaines en regardant vers l'amont ; noter la cathédrale à l'extrême gauche sur cette photo...

5. Le même secteur du quai Jean de Béthencourt vu en regardant vers l'ouest, vers l'aval. C'est cette partie du quai qu'on a vu brûler sur les photos des pages précédentes. (Photos R. Jacques.)

4

5

1., 2. Après l'attaque du 25 août, l'accès au seul bac encore en service à Rouen est rendu à ce point difficile par les destructions qui encombrent les quais que les véhicules qui arrivent se détournent vers le pont ferroviaire. (R. Jacques.)

3., 4. Selon le rapport réalisé au début de 1945 par le Bombing Analysis Unit de la R.A.F., 1 500 camions et prés de 200 chars et blindés ont été perdus à Rouen. (Photos R. Jacques/Coll. Heimdal.)

1

2

3

4

5., 6. Ces images terribles ne doivent pas cacher le fait que la traversée de la Seine est un réel succès pour les Allemands. D'après ce même rapport, 240 000 hommes ont franchi la Seine, avec 30 000 véhicules et 135 chars. (Photos R. Jacques/Coll. Heimdal.)

5

6.

1., 2., 3., Selon ce rapport, les pertes en véhicules sur les berges de la Seine se montent à un total de près de 4 000, dont près de 60 chars et 240 engins blindés divers. Ce Jagdpanther, ce PzKpfw IV et ce Hummel font partie des blindés que la Seine a arrêté. Le Jagdpanther a été photographié par un reporter canadien à Elbeuf et le Hummel l'a été par J. Auboin à Rouen. Toutefois, nous ne savons pas où a été abandonné ce PzKpfw IV, également photographié par les Canadiens : si vous reconnaissez cette rue, n'hésitez pas à nous le faire savoir ! (Archives du Canada et J. Auboin.)

4. Entre le 19 avril et le 18 juillet, les bombardiers alliés ont attaqué Rouen à treize reprises. Le 19 avril, une violente attaque a détruit plus de 500 bâtiments, dont de nombreuses maisons anciennes, dans les quartiers Ganteries, Gros-Horloge, aux Juifs... (R. Jacques.)

3

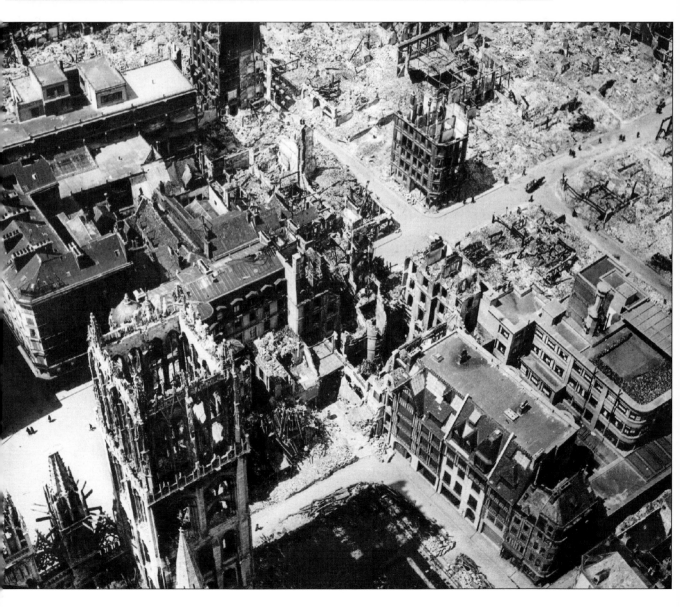

1., 2., 3., 4. Le Palais de Justice est touché. On voit ici la Rue de Saint-Lô, la Place du Maréchal Foch et le monument aux morts. Touché de nouveau le 26 août, le Palais de Justice brûle. « Au matin du dimanche 27 », écrit R.G. Nobécourt dans Rouen Désolé, « la belle façade Renaissance, tout endolorie, toute fumante, toute seule, découpait sur le vide la dentelle de ses hautes fenêtres ». (ECPArmées et R. Jacques/Coll. Heimdal.)

1

3

1., 2., 3., 5. Du mardi 30 mai au lundi 6 juin, en une « semaine rouge » particulièrement terrible, les bombardiers alliés vont revenir tous les jours et leurs bombes vont pratiquement détruire le centre de la ville. Au soir du 1er juin, le toit de la cathédrale est en feu, les pompiers et les bénévoles luttent toute la nuit pour sauver l'âme de la ville mais le feu n'est pas maîtrisé avant 17 h 00 le lendemain. Les avions reviennent une heure plus tard et les bombes pleuvent de nouveau... (ECPArmées.)

5

La traversée de la Seine, un bilan

Après l'échec de la manœuvre d'enveloppement sur la rive gauche de la Seine, une nouvelle polémique éclate entre Britanniques et Américains. Au début septembre, le commandant de la 2e Armée Britannique, le général Dempsey, déclare qu'il a perdu deux jours à attendre le retrait des troupes américaines traversant son secteur. Ce à quoi Bradley répond vertement que l'avance des troupes britanniques a été grandement facilitée par le fait que le secteur avait été nettoyé précédemment par les troupes américaines ; il remarque par ailleurs que l'avance des troupes américaines vers le nord avait bien été approuvée par le général Montgomery.

Menée sans grande conviction (trop tard, avec trop peu de moyens), la manœuvre d'encerclement le long de la rive gauche de la Seine est un échec pour les Alliés. A noter qu'il aurait sans doute été plus payant de lancer cette manœuvre le long de la rive droite du fleuve comme Patton l'a semble-t-il envisagé alors. Toutefois, la principale raison de cet échec réside bien dans le fait que les Alliés n'ont pas engagé l'aviation comme elle aurait pu l'être pour garder la Seine et interdire toute traversée.

Malgré toutes les difficultés, la traversée de la Seine est un succès pour les Allemands. Sous le titre « The German retreat across the Seine, August 1944 », le *Bombing Analysis Unit* de la R.A.F. a réalisé une étude détaillée de la traversée du fleuve par les forces allemandes en retraite, s'intéressant en particulier aux moyens utilisés (bacs, ponts, radeaux...) ainsi qu'aux résultats des attaques de l'aviation alliée. Ce rapport, près de trente pages et quatre cartes, indique que la Seine *« n'a pas été un obstacle sérieux bien que pratiquement tous les ponts aient été détruits »*.

Cette étude met en évidence le fait que, si les pertes allemandes ont été sensibles dans la poche de Falaise et, mais à un moindre titre, lors du repli vers la Seine, elles ont été faibles lors du franchissement même du fleuve. Le rapport indique que près de 80 000 hommes, 10 000 véhicules et 600 chars environ ont été perdus entre le 19 août, date de la fermeture de la nasse, et l'arrivée sur les berges de la Seine. Par contre, tous les hommes qui ont atteint la Seine ont réussi à la traverser, de même que 90 % des véhicules et 70 % des chars ayant atteint le fleuve. Ainsi, les pertes lors de la traversée de la Seine se limiteraient à 4 000 véhicules et une cinquantaine de chars.

Au total, le rapport estime que **240 000 hommes** ont réussi à franchir la Seine, avec **30 000 véhicules environ** et **135 chars**. Plus de soixante points de passage ont été identifiés, la majorité étant constituée de bacs ou autres bateaux, seulement trois ponts flottants ayant été construits. Le point de passage le plus important a été celui de Poses, à l'est d'Elbeuf, où plus de 100 000 hommes et 16 000 véhicules ont franchi la Seine sur un pont de bateaux. A signaler également le pont de chemin de fer de Rouen (plusieurs dizaines de milliers d'hommes et 7 000 véhicules) et les bacs de Duclair, Caudebec et Villequier où plus de 2 000 véhicules ont traversé.

Selon le rapport, les pertes en véhicules sur les berges de la Seine se montent à un total de près de 4 000, dont une soixantaine de chars et 240 engins blindés divers. Ces pertes se répartissent principalement en trois points, Rouen, Duclair et Caudebec : plus de 1 500 camions et près de 200 chars et blindés ont été perdus à Rouen, 300 camions et une trentaine de chars et blindés à Duclair, 1 700 camions et une quarantaine de chars et blindés à Caudebec.

Plus généralement, le rapport permet de préciser les causes qui ont prévalu à la fin des 14 000 véhicules perdus au cours de la retraite. Une moitié, soit près de 7 000 véhicules, a été abandonnée du fait du manque de carburant ou des embouteillages qui ont bloqués les routes à l'approche de la Seine ; un tiers, soit près de 4 500 véhicules, a été abandonné après que ces véhicules aient été touchés lors d'attaques aériennes ; le reste, soit près de 2 500 véhicules, a été détruit lors des combats. Pour ce qui concerne les 665 chars perdus, le rapport indique que plus de la moitié d'entre eux a été abandonné du fait du manque de carburant ou des embouteillages, moins de 5 % de ces pertes résultant directement d'attaques aériennes.

Toutefois, si le succès de la traversée de la Seine est incontestable, il cache mal l'état des troupes qui sont rassemblées à l'est du fleuve. Les unités sont dispersées, les hommes sont épuisés et pour tout armement, ils ne disposent que de leurs armes individuelles. Après la guerre, le commandant du *II. Fallschirmkorps*, le *General* Meindl, a décrit l'état des troupes qui se rassemblent à l'est de la Seine : *« Nous saisissons dans les colonnes tout ce qui peut augmenter notre capacité au combat : véhicules, armes, soldats, officiers... mais nous manquons d'armes lourdes. Impossible d'en trouver ou d'en faire venir d'Allemagne : les parcs sont vides. Après avoir traversé la Seine, la division (la 3. Fallschirm-Jäger-Division) n'a plus de valeur combative. Pourtant, il y a tellement de soldats et d'officiers qui ont perdu leur unité que nous pourrions rassembler une nouvelle division après les avoir équipés et entraînés. C'est impossible »*.

D'après un rapport rédigé le 29 août par Model, il n'a pas été possible de rassembler plus de quatre unités avec ce qui reste de seize divisions d'infanterie. Avec les éléments survivants des cinq divisions de panzers du Heer (*2. Panzer-Division, 9. Panzer-Division, 21. Panzer-Division, 116. Panzer-Division, Panzer-Lehr-Division*) et des six divisions de la Waffen-SS (*1. SS-Panzer-Division, 2. SS-Panzer-Division, 9. SS-Panzer-Division, 10. SS-Panzer-Division, 12. SS-Panzer-Division, 17. SS-Panzergrenadier-Division*), onze Kampfgruppen de la taille d'un régiment ont été créés. Toutefois, bien que des renforts en hommes et en matériel aient été intégrés à ces *Kampfgruppen*, chacun d'eux ne dispose que de cinq à dix chars et de quelques canons. D'après Model, la *5. Panzerarmee* est alors forte de 20 000 hommes seulement, avec moins de 350 pièces d'artillerie.

ISBN 2 84048 078 6